アクティブ・ラーニング入門

すぐ使える中学校からの17メソッド

小林 盾 =著

ハーベスト社

アクティブ・ラーニング入門：すぐ使える中学校からの17メソッド

目次

序章　アクティブ・ラーニングを始めよう …………………………………… 4

第1部　アイス・ブレーキング ……………………………………………… 9
　第1章　他己紹介 ………………………………………………………… 10
　第2章　マシュマロ・チャレンジ ……………………………………… 14
　第3章　ブラインド・ウォーク ………………………………………… 18

第2部　問題を発見する ……………………………………………………… 23
　第4章　ブレーン・ストーミング ……………………………………… 24
　第5章　KJ法 …………………………………………………………… 28
　第6章　文献紹介 ………………………………………………………… 32
　コラム　問題をたてる …………………………………………………… 36
　コラム　仮説をたてる …………………………………………………… 38

第3部　エビデンスを収集する ……………………………………………… 41
　第7章　フィールド調査 ………………………………………………… 42
　第8章　インタビュー調査 ……………………………………………… 46
　第9章　アンケート調査 ………………………………………………… 50
　　サンプルA　アンケート用紙 ………………………………………… 54
　コラム　実験 ……………………………………………………………… 56
　コラム　写真法 …………………………………………………………… 58

目　次

第 4 部　成果を発信する ……………………………………61
第 10 章　プレゼンテーション ……………………………62
　　サンプル B　プレゼンテーションのスライド（班）……………66
　　サンプル C　プレゼンテーションのスライド（個人）…………67
第 11 章　ディベート ………………………………………68
第 12 章　レポート・論文 …………………………………72
コラム　グラフをつくる ……………………………………76
　　サンプル D　アンケート調査レポート ………………………78
　　サンプル E　卒業論文（一部）…………………………………84

序章　アクティブ・ラーニングを始めよう

アクティブ・ラーニングとは

　授業にアクティブ・ラーニングを採りいれ，生徒が能動的に勉強するためには，どのようなメソッドがあるでしょうか？　この本は，生徒が楽しみながらできる代表的なアクティブ・ラーニング法を，イラストと写真を豊富に用いて，具体的な実施ステップを紹介しています．そのため，明日からでも授業で実施することができるでしょう．おもに中学校，高校，大学での授業を想定していますが，専門学校，企業，官公庁その他の組織でも活用できることでしょう．

　それでは，アクティブ・ラーニングとはどのようなものでしょうか？現代社会はグローバル化し，みずから問題を発見し解決することが人びとに求められるようになってきました．そのため，学修の場で教員の説明を受動的に聞くだけでなく，自分たちで能動的に学ぶ必要がでてきました．

　アクティブ・ラーニングとは，そうした能動的学修のことで，自分たちで問題発見し課題解決することが求められます．生徒がグループ単位で調査，プレゼンテーション，ディスカッションを行うことで，授業が参加型で双方向的なものとなります．いわば，野球でいえばこれまで一方的にノックを受けてきたのが，双方向のキャッチボールに変わるというイメージです．

　アクティブ・ラーニングを実践するには，「受動型から参加型へ」「知識の流れが一方向から双方向へ」「生徒がじっと座っている授業から体を動かす授業へ」「作業が個人単位からグループ単位へ」「主役は教員から生徒へ」といった意識の転換が必要となります．最初は教員も生徒も戸惑う

かもしれません．しかし，慣れれば生徒のモチベーションが上がり，教員と生徒の間でウィン・ウィンの好循環が生まれることは間違いありません．

	これまでの授業	アクティブ・ラーニング
生徒の取りくみ方	受動型	参加型
知識の流れ	一方向	双方向
生徒の動き	座学	体を動かす
作業の単位	個人	グループ
授業の主役	教員	生徒
正解	ある	ない

この本の構成

しかし，教育現場ではまだ蓄積が浅いため，ともすれば「どのように実施すればよいのか」という具体的な参考例が十分ではありませんでした．そこで，この本は成蹊大学文学部における実践事例をもとに，授業を参加型に移行させるための**具体的なメソッド**を紹介したいと思います．

まず，第1部の「マシュマロ・チャレンジ」「ブラインド・ウォーク」といった**アイス・ブレーキング（緊張緩和）**のためのメソッドを用いると，氷がとけるように，授業のスタートがスムーズになることでしょう．続いて，第2部では「ブレーンストーミング」「KJ法」といったメソッドで，**問題発見**をします．第3部では，「フィールド調査」「インタビュー調査」「アンケート調査」といった代表的な調査メソッドを実施して，問題解決のための**エビデンス（証拠）**を収集し分析していきましょう．最後に第4部で，「プレゼンテーション」「レポート」「論文」といった形で**成果発信**をします．

このように，授業のスタートから問題発見，分析，問題解決，発信まで，

アクティブ・ラーニングを用いた能動的スキルを一通り身につけることができるでしょう．各メソッドは，「ねらい」「事例」「ステップ」「ヒント」の順番で解説されています．

この本の使い方

アクティブ・ラーニングに正解はありません．この本で紹介するのは，1つのサンプルですので，生徒の関心や状況に応じて柔軟に読みかえてほしいと思います．

この本では，おおむね30～40人のクラスをイメージしています．各作業に必要な時間を記載しましたので，目安としてください．各メソッド（章）は完結していますが，「インタビュー調査の解釈をブレーン・ストーミングする」といったように組み合わせることもできます．生徒が楽しんで取りくめるよう，「刑事になって現場検証をするつもりで，フィールドへいってみましょう」などとロール・プレイイングできるようにしました．

私の授業では，どのメソッドでもつぎのことを共通して行なっています．

- 生徒の名札，発表用のおもちゃのマイクを準備する．
- グループ分けは，出席番号順，誕生日順，身長順など機械的に行なう．
- ディスカッションでは，個人単位で発言するより，班で2～3分ほど相談してから班単位で発言する．

アクティブ・ラーニングの背景

アクティブ・ラーニングを採りいれると，たしかに負担が教員，生徒ともに増えるかもしれません．しかし，その分授業が活性化し，高い学修効果が期待できるでしょう．たとえば，アメリカの研究によれば，学習定着率がただ講義を聞くだけだと5％なのに，実演されると30％，ディスカッションすると50％，自分で体験すると75％，他人に教えると90％へと増加します．

序章　アクティブ・ラーニングを始めよう

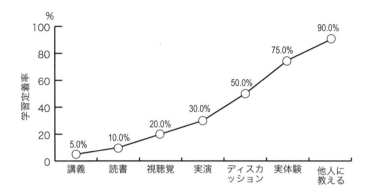

　文部科学省も，アクティブ・ラーニングの意義を指摘しはじめました．中央教育審議会「新たな未来を築くための大学教育の質的転換に向けて：生涯学び続け，主体的に考える力を育成する大学」(答申，2012年) は，つぎのようにアクティブ・ラーニングを捉えています．

> 　教員による一方向的な講義形式の教育とは異なり，学修者の能動的な学修への参加を取り入れた教授・学習法の総称．学修者が能動的に学修することによって，認知的，倫理的，社会的能力，教養，知識，経験を含めた汎用的能力の育成を図る．発見学習，問題解決学習，体験学習，調査学習等が含まれるが，教室内でのグループ・ディスカッション，ディベート，グループ・ワーク等も有効なアクティブ・ラーニングの方法である．

参考となる文献

　中井俊樹編『アクティブラーニング』(玉川大学出版部，2015年) は，アクティブ・ラーニングの全体像を体系的に解説しています．私が執筆した本のうち，たとえば『社会調査の応用』(弘文堂，2012年) はインタビュー調査やアンケート調査について詳しく説明しています．

なお,本書は知のアート・シリーズの第3巻となります.第2巻『ソーシャル・メディアでつながる大学教育:ネットワーク時代の授業支援』では私も執筆し,ソーシャル・メディアを用いたアクティブ・ラーニングの可能性を検討しました.この本は,その続編として位置づけています.

謝辞

私は2005年から,成蹊大学文学部現代社会学科で専任教員として授業を担当してきました.また,シカゴ大学社会学部,東京大学教養学部で非常勤講師として授業を担当しました.この本は,授業のなかで試験的に行なってきたことを,まとめたものです.同僚の先生方,職員の方がた,そしてなにより「これ面白いですね」「こんなふうにしたらどうでしょう」などと一緒にあれこれ議論してくれた学生のみなさんに,感謝いたします.

図らずも,この本が私にとって最初の単著となりました.

この本は,成蹊大学文学部学会から研究成果出版助成を受けています.成蹊大学文学部助手の川端健嗣氏と大﨑裕子氏に,原稿を丁寧にチェックしてもらいました.イラストの一部を「コミPo!」で作成しました.出版にあたり,ハーベスト社小林達也氏に大変お世話になりました.記して感謝いたします.

第 1 部

アイス・ブレーキング

第1章　他己紹介

【人数，役割分担】2人1組，インタビューアとインタビュー対象者
【用意するもの】（とくになし）
【時間】準備＝10分，実施＝人数×1分（20人なら計30分）

1　ねらい

　はじめて会った人にたいして，どうすれば自分のことを他人にうまく伝えられるでしょうか？　自己紹介では，自分で自分のことを紹介します．ただ，緊張したり，自慢にならないよう遠慮したりするかもしれません．
　そこで，自分ではなく他人のことを「この人は〜なんです」と紹介してみましょう．遠慮する必要がなくなり，むしろ積極的にいいところを見つけて発言しやすくなることでしょう．これを自己紹介にならって，**他己紹介**とよびます．あたかも，自分が**芸能事務所のマネージャー**になり，新人をテレビ局に売りこむつもりで紹介してみましょう．
　授業の初回だけでもよいですし，授業期間の途中3〜4回に1度はさんでもよいでしょう．私の授業では，1年間をとおして毎週（ペアの相手を変えながら）実施しています．

2　事例

　テーマを決めた方が，進めやすいでしょう．最初は「きょうだいの自慢」や「好きな食べ物」のようにポジティブなことをテーマにするほうが，気軽にスタートできるようです．あえて「自慢できること」など普段しゃべりにくいことがらを聞きだすと，距離が縮まることでしょう．
　なんかいか繰りかえしてなれてきたら，「苦手な食べ物」などネガティブなことをテーマとしても，大丈夫でしょう．私の授業ではこれまで，以下の表のようなテーマで他己紹介しました．

	テーマの例
ポジティブなテーマ	きょうだいの自慢，出身中学・高校の自慢，出身地・地元の自慢，好きな食べ物
ネガティブなテーマ	苦手な食べ物，大変だったこと，困っていること
季節関連	ハロウィーン，クリスマス，正月，誕生日などの想い出

3　ステップ

(1)グループ分け（2人1組）　2分
　好きな人同士ではなく，(出席番号順，男女ペアなど)機械的に決めるほうがよいでしょう．全体が奇数人数の場合は，3人組を1つつくります．

(2)説明　2分
　以下を口頭で説明します．

> ①2人1組になり，テーマについて「〜さんは〜歳のとき〜したそうです」のような形で他己紹介．
> ②聞きとり4分．具体的なエピソードを5W1H(いつ，どこで，だれが，なにを，なぜ，どのように)に沿って聞きだす．
> ③発表1人1分．映像がオーディエンスの頭に浮かぶよう，エピソードを具体的に，細かく報告．

⑶テーマを決める　2分

　初回は教員がテーマを提示しましょう．「出身中学・高校の自慢」「出身地・地元の自慢」などなら，その人の背景も分かります．

　なれてきたなら，生徒がテーマを決めても結構です．その場合，授業前にあらかじめ「今日はあなたがテーマを決めてくださいね」と依頼しておきます．私の授業では，原則として毎回生徒がテーマを選びます．

　季節に合わせて，「今年の夏休みの予定」「これまでのクリスマスの想い出」なども面白いでしょう．

⑷聞きとり　4分

　ペアになり，相手からエピソードを聞きだします．たとえば「私の高校は文武両道が自慢です」といわれたら，その人自身のエピソード（経験）を引きだす必要があります．メモはとってもよいのですが，書くことより話しを聞くことを優先させましょう．

　話す側は，エピソードを具体的に，細かく，そして映像が頭に浮かぶようにしてみましょう．

⑸他己紹介を実施　1人1分で紹介

　ペアで立って，（右の人が左の人を紹介するなどルールを決めて）「〜さんは〜歳のとき〜で〜したそうです」のように紹介します．メモはできるだけ見ないで，自分の言葉で再構成できれば理想的でしょう．

　教員は，途中で「それはすごいですね」とか「それはどういう状況かな」と積極的に介入しましょう．そのとき，紹介される人が回答してもよいですし，むしろメリハリがつくでしょう．2人1組が終わるごとに，全員で拍手します．

　全員の他己紹介が終わったら，教員から「〜にはビックリしました」「皆さん同じような経験をしてるんですね」と一言コメントします．

4　ヒント

(1)テーマ選び

　テーマは，ある程度ばらつきがでるものにします．たとえば，「好きなテーマ・パーク」にすると，ほとんどが東京ディズニー・リゾートかユニバーサル・スタジオ・ジャパンになることでしょう．これを「テーマ・パークのなかで好きなアトラクションはなにか」や「テーマ・パークでの想い出」とすれば，いろいろなエピソードがでてくることでしょう．

(2)ヒーロー・インタビュー

　テーマを「自分が頑張った結果成功して嬉しかったこと」として，思いきり自慢してもらいましょう．スポーツの試合後，とくに活躍した人にテレビ・レポーターが「あのホームランは素晴らしかったですね」などとインタビューします．それをまねることから，**ヒーロー・インタビュー**といいます．これはインタビュー調査をするときの練習にもなるでしょう．

　エピソードは部活，サークル，アルバイト，旅行，勉強などなんでもよいのですが，受験は（全員が同じ経験をしたはずなので）のぞく必要があります．

　ディスカッションのとき，ヒーロー役がエピソードを話し，レポーター役はつねに「それはすごいですね」と褒めましょう．そうすることで，ヒーロー役は気持ちよく喋ることができます．

　他己紹介では，「〜さんは〜のとき，〜して嬉しかったそうです」と発表します．

第1部 アイス・ブレーキング

第2章 マシュマロ・チャレンジ

【人数,役割分担】3〜5人1班(班で島をつくる)
【用意するもの】(1班につき)スパゲッティ20本(1.8〜1.9ミリの太め),マシュマロ1個,マスキングテープとひも90cmずつ,はさみ,(教員のみ)メジャー
【時間】準備=7分,実施=18分,ディスカッション=3分

1 ねらい

　どうすればグループ作業をスムーズに進められるでしょうか？　グループ・ワークのために班わけしても,最初はよそよそしいかもしれません.そこで,ゲーム要素のある作業をグループで行なえば,自然とコミュニケーションが進むことでしょう.

　そこで,**マシュマロ・チャレンジ**というゲームを実施してみましょう.これはチーム・バトルで,マシュマロ,スパゲティ,ひもといった身近な材料を使ってグループでタワーをつくり,高さを競いあいます.正解はないため,経験者がいても有利にはなりません.「こうしたらどうだろう」「あっちのグループを真似てみようか」など,みんなでワイワイ楽しみながら作業できます.アイデアをだす人,作業する人,他のグループを偵察する人など,役割分担の重要さも学べるでしょう.**町工場で開発チームのメンバーに選ばれた**つもりで,チャレンジしてみましょう.

　もともとは,アメリカで教育や社会人研修用に提案されました.提案者の動画が,TED (Technology, Entertainment, Design) の

ウェブサイトで閲覧できます．

2 事例

　班ごとに**自立式タワー**をつくります．本来の制限時間は18分ですが，授業で行なうと中だるみしてしまいます．そこで，私の授業では12分へと短縮しています．

　最初は，スパゲティは太めで，マシュマロは小さめ（軽め）のほうが，タワーをつくりやすいようです．慣れてきたら，いろいろと試してみましょう．

　授業開始時に，私はあえて説明しないで，マシュマロやスパゲティを教壇に置いておきます．すると，生徒が「なにに使うんだろう？」と説明前から関心を持ちだします．

3 ステップ

(1) **グループ分け（3〜5人1班）　2分**

　4人がベストですが，多少前後しても問題ありません．班ごとにだいたい同じ人数となるほうがよいでしょう．

　班ごとに，材料とはさみを配布します．まだ手をつけてはいけません．机の上から，これら以外を片づけます．

(2) **説明　5分**

　以下のことを説明します．ボードに書くと，誤解がないでしょう．

---

①制限時間12分．

②マシュマロ1個，スパゲティ20本，マスキングテープ90cm，ひも90cmを使って自立式タワーを作成．

③かならずタワーの頂上にマシュマロを必ず置く（スパゲティに刺し

てよい）．スパゲティやテープは，切ったり折ったり可．
④終了後にマシュマロ上部までの高さを計測．計測の間も自立している必要あり．自立していないと記録0センチ．「足場をテープで固定」「吊るす」「手で支える」「机の間に引っ掛ける」は禁止．
⑤他の班の真似をしてよい．

(3)マシュマロ・チャレンジを実施　12分

　教員が「よーい，スタート！」と開始の合図をします．2分ごとに「あと10分です」「あと8分です」とアナウンスしましょう．

　最初，班によってはなかなか手を動かせないこともあります．その場合，教員が「まずはいろいろ試してみたら？」「～班は～してるみたいですよ」など，声かけしましょう．

　途中，「～班はもう小さいタワーができましたよ」「～班はマシュマロを載せましたね」など，全体の様子を**実況中継**すると，励みになるようです．「真似をしてもいいんですよ」「そろそろ自立しないと時間大丈夫かな？」など，こまめにアドバイスしましょう．

　終了時には，「～あと10秒，9秒，…，1秒，終了です！」とアナウンスします．

(4)高さを計測する　3分

　「途中で倒れたら記録は0センチですよ」とアナウンスしてから，教員が各班を回って計測します．ボードに，以下のように記入していきます．

1班	～センチ
2班	～センチ
3班	～センチ
4班	～センチ

(5)優勝した班を表彰する　3分

　教員が「このように，もっとも高かったのは～班で～センチでした」と

アナウンスし，拍手しましょう．写真は，ある回で優勝した班で，タワーは71センチでした．

(6)ディスカッション　3分

優勝班から1名を指名し，「どのような工夫をしましたか」についてみ

んなに向かって発表してもらいます．また，もっとも低かった班に，「どうしてだったと思いますか」を質問してもよいでしょう．私の授業では，余ったマシュマロを，優勝班に景品としてプレゼントしています．

4　ヒント

(1)教訓

時間があれば，「なぜうまくいったのか，いかなかったのか」「どうすればもっと高くできたか」を各班で話しあいましょう．班ごとに，結果を発表します．

マシュマロ・チャレンジの提案者によれば，さまざまなチーム作業に応用できるようです．たとえば，最後にマシュマロを載せるときに，タワーが倒れてしまうことが多いかもしれません．ここから，「最終目標をつねに意識し，いちどは**プロト・タイプ**（荒けずりであっても一応の完成品）を作成することが大切」ということが分かるでしょう．

(2)繰り返し

班メンバーを入れかえて，マシュマロ・チャレンジを繰りかえすこともできます．その場合，同じ授業時間内ではなく，(2か月など) 時間をあけたほうが，気持ちがリフレッシュされるようです．

第1部　アイス・ブレーキング

第3章　ブラインド・ウォーク

【人数，役割分担】2人1組，サポート役とサポートされる役
【用意するもの】説明書
【時間】準備＝7分，実施＝30分，ディスカッション＝5分

1　ねらい

　どうすれば自分の考えを他人に過不足なく言葉で伝えることができるでしょうか？　私たちは普段人とコミュニケーションをとるとき，言葉だけでなく身振り手振り，表情，しぐさなど多くの情報を交換しあっています．では，もし言葉でしかコミュニケーションできないと，どうなるでしょうか．

　そうした状況を経験するのが，**ブラインド・ウォーク**です．ブラインド・ウォークでは，2人1組となって，1人は目が見えないという役に，もう1人がサポートする役になります．そうすると，身振りや表情などの視覚による情報を，使用できなくなります．

　ブラインド・ウォークはもともと，介護福祉士などが，福祉の現場を模擬的に体験して練習するためのメソッドです．とはいえ，福祉にかかわりのない人にとっても，よい経験になるはずです．実際の**介護者**になったつもりで，サポートしてみましょう．

2 事例

 2人1組となって，教室をでて校内を移動します．サポートされる役が，サポート役の肩に手をおいて移動するパターンと，一切触れないで移動するパターンの両方を行います．それぞれで役割を入れかえますので，合計4回の移動をします．ですので，「体育館の入り口」「校門」など（最後は教室に戻るとして）3つの目的地を目指します．
 校舎内だと，ぶつかる心配がありますし，他の授業の迷惑となりかねません．ですので，目的地は屋外にし，最後に教室に戻ることになります．
 なお，多くの組が同じ目的地へ向かうと，他の組の気配が伝わってしまいます．そこで，目的地をズラす必要があります．たとえば私の授業では，最初の目的地を「購買部で100円以下の買い物」「体育館の入り口」「図書館の入り口」の3グループに分け，この順で回って最後に教室に戻ります．

	最初の目的地	→2番目	→3番目	→最後
1～3組	購買部	正門	図書館	教室
4～6組	正門	図書館	購買部	教室
7～9組	図書館	購買部	正門	教室

 可能であれば，階段を上りおりする，段差を通ったり廊下を曲がる，簡単な買い物をするなど，現実に目の見えない人が経験するようなことを盛りこめるとよいでしょう．ただ，**安全第一**です．貴重品は教員が管理し，生徒は説明書のみもって（必要なら小銭も）出発します．

3 ステップ

(1)グループ分け（2人1組）　2分

 （出席番号順，身長順など）機械的に決めます．全体が奇数人数の場合，教員とペアになります（3人組では実行できません）．

(2)説明　5分

(やや複雑ですので)以下を人数分印刷して配布します．

> ①30分以内に，4つの目的地へいく．
> ②1人が目をつぶる(サポートされる役)．1人が助ける(サポート役)．
> ③サポート役は，言葉だけで誘導して移動．自分から相手に触れてはいけない．
> ④目的地は4つ(上の表を挿入)．(最初の目的地まで)サポートされる役は目をつぶり，サポート役の肩に手をおいて移動．目的地に着いたら終了．
> (2番目の目的地まで)役割を入れかえて，同じことを実施．
> (3番目の目的地まで)ここからはサポート役に触れないで移動．サポート役は後ろに立つ．
> (教室まで)役割を入れかえて，同じことを実施．
> ⑤安全第一．危険を感じたら目を開けてよい．30分経ったら途中でも目を開けて教室に戻る．

(3)ブラインド・ウォークを実施　30分

屋外にでて，一斉にスタートします．教員は安全を確認するため，移動経路上で様子を見守ります．

(4)ディスカッション　5分

以下について，組ごとに話しあいましょう．
・どのようにサポートしてほしいと思ったか
・どのようにサポートすればよかったか
・肩に手を置く場合と，触れない場合で，どう異なったか

そのあと，(もっとも早く戻った組，もっとも遅かった組など)いくつかの組に発表してもらいます．

4 ヒント

(1)教訓

サポートされるとき，どのような気持ちになるでしょうか．「目をつぶっていたから，とにかく怖い」ようです．とくに，段差や障害物があると，サポート役は分かっているので直前になって「あ，そこに段差あるよ」と伝えますが，サポートされる側にはいきなりでびっくりします．こうした経験から，コミュニケーションでは「相手の立場にたつ」ことが大切だと理解できるでしょう．こまめに「今〜にいます」「このまままっすぐ歩くと〜です」と状況を伝えることが役だつでしょう．

さらに，「もう少しで右に曲がります」といわれたとき，「どれくらいなのか分からず不安になった」という声もよくききます．こうしたとき，「あと2メートルで」「あと階段4段で」など，情報を客観的に伝えると，安心できるようです．これらは，ブラインド・ウォークだけでなく，日々のコミュニケーションにも応用できることでしょう．

(2)目的地の選び方

出発点から近すぎても，遠すぎても，効果が下がるようです．ブラインド・ウォークではなく普通に歩いたら1周り10分程度が，ちょうどよいくらいでしょう（ブラインド・ウォークでは3倍ほど時間がかかります）．

第 2 部

問題を発見する

第2部 問題を発見する

第4章　ブレーン・ストーミング

【人数，役割分担】3〜5人1班（班で島をつくる），司会1人
【用意するもの】班ごとにA3用紙，説明書
【時間】準備＝8分，実施＝5分，ディスカッション＝5分

1　ねらい

　どうすればよいアイデアをだすことができるでしょうか？　問題を発見したり，解決したりするためには，まず自由にたくさんのアイデアを集める必要があります．しかし，これは簡単ではありません．

　「3人寄れば文殊の知恵」ということわざがあります．3人集まれば，よい知恵がでてくるという意味です．このように，みんなで一緒になって，ワイワイと意見を出しあってみると，よいアイデアがでるかもしれません．これは**ブレーン・ストーミング**とよばれ，あたかも「頭のなかに嵐を起こす」ようにして，思いついたことを自由にどんどん挙げていきます．そうすることで，1人では思いつかないこと，予想外なことが浮かぶかもしれません．

　そこで，企業で**企画会議**にでているつもりで，新しいことをいろいろと発想してみましょう．ブレーン・ストーミングで視野を広げ，それをつぎの章のKJ法で整理しまとめていきます．

　もともと，欧米で会議のときに「効率的に発想し問題解決するための方法」として開発されました．現在では，企業や官庁などさまざまな組織で活用されています．

2　事例

ブレーン・ストーミングでは，**質より量**を重視します．そのため，私の授業では「アイデアを20個」など目標を先に決めておいて，「どの班が一番早く20個だせるでしょうか」と競争にしています．このほうが，生徒たちもゲーム感覚で楽しめるようです．

テーマは，「この授業をもっと楽しくするにはどうすればよいか」「魅力的なデート・スポットはどこか」といった身近なものから，「この地域の課題はなにか」「どうすれば男女がもっと平等になれるのか」「人が幸せになるにはなにが必要か」といった大きな問題まで，いろいろと設定できます．最初は，身近なテーマのほうがとりかかりやすいでしょう．

	テーマの例
身近なテーマ	授業を楽しくするには，魅力的なデート・スポット，効率的な勉強法
大きなテーマ	地域の課題，男女平等，幸せ，なぜ結婚するのか，グローバル化への対応

3　ステップ

(1)グループ分け（3〜5人1組）　2分

このとき，班内で1名,（その日に誕生日が一番近い人など機械的に）司会者を決めておきます．いわば企画会議の課長です．

記録用に，班ごとにA3用紙など大きめの用紙を用意します．班の中心において，全員がみえるようにしましょう．

(2)説明　3分

以下を，ボードか配布資料で説明します．かっこ内は口頭で補足します．

> ①5分以内，20個で競争．
> ②たくさんアイデアをだす．実現不可能でも可．（自由に発想し，突飛で多様なほどウェルカムです．そのために，「極端になったら」「反対だったら・逆転したら」「原点に戻ったら」などを考えてみましょう．たとえば，レジ袋を減らすには，一枚1000円にする（極端），レジ袋を客が持参する（逆転）などです）
> ③批判しないですべて肯定する．（どんなにささいなこと，くだらなく感じることでも発言してみる．他人のアイデアを発展させてもよい）
> ④全員でだして，司会者が記録．

(3) テーマを決める　3分

はじめは教員が決めます．なれてきたら，生徒が提案してもよいでしょう．

(4) ブレーン・ストーミングを実施する　5分

教員が「それでは，5分以内で，アイデアを20個早くだすよう競争します．終わった班は，挙手してください．よーい，スタート！」とアナウンスします．

途中，教員が教室を回って「この班はもう5個でたようです」などと実況中継しましょう．5分たつか，すべての班が挙手したら終了となります．

私の授業で「魅力的なデート・スポット」をテーマにブレーン・ストーミングしたら，「横浜みなとみらい」「スカイツリー」「浅草」「プラネタリウム」などが挙がりました（写真）．

(5) ディスカッション　5分

各班から2つほど「もっとも自信のあるもの」を発表してもらい，ボードに教員が記入します．重複した場合，別のアイデアをだします．

第 4 章　ブレーン・ストーミング

　すべての班が発表したら，生徒と対話しながら「もっとも説得力のあるアイデア」「もっともユニークなアイデア」などを選び，拍手で表彰しましょう．

4　ヒント

(1)他のメソッドへの応用
　ブレーン・ストーミングは，じつはこの本のすべての章で用いることができます．たとえば，インタビュー調査で「どんな質問をしようか」と考えたり，ディベートで「どんな論点があるのか」を調べたりするとき，役立つでしょう．

(2)スタートが遅れる
　ブレーン・ストーミングの実施中，班によってはスタートが遅く，なかなかアイデアがでないところがあります．教員が「思いついたことを気楽にだしてみましょう」「たとえば～とかどう？」などと声かけするとよいでしょう．

(3)1人ブレーン・ストーミング
　もともとブレーン・ストーミングはチーム作業用です．しかし，「たくさんアイデアをだす」「自由に発想する」「批判しないですべて肯定する」といったルールは，1人でアイデアをだすときにも応用できるでしょう．

27

第5章 KJ法

【人数，役割分担】3〜5人1班（班で島をつくる），司会1人
【用意するもの】班ごとにA3用紙，付箋紙，説明書
【時間】準備＝7分，実施＝10分，ディスカッション＝10分

1 ねらい

　アイデアがたくさんでたあと，どのようにアイデアを整理することができるでしょうか？　ブレーン・ストーミングでは，視野を広げて多様なアイデアを収集しました．ただ，そのままではたくさんのアイデアが手元にあるだけで，問題発見や解決にはなりません．でてきたアイデアを整理する必要があります．

　そこで，KJ法を用いて，さまざまなアイディアを1本の糸でつなぐようにして，1つのストーリーへとまとめあげましょう．KJ法では，まずアイデアをグループに分け，そのあとグループの間の流れを見つけます．仮説をたてたり，エビデンスを解釈したりするときにも活用できるでしょう．ブレーン・ストーミングと同じように，企業の企画会議のつもりで取りくめるでしょう．

　もともとKJ法は，文化人類学者である川喜田二郎（1920〜2011年）がアイデア整理法として考案しました．イニシャルのKJに因んで，KJ法とよばれています．

2 事例

　テーマは，ブレーン・ストーミングと同じように設定します．アイデアをだしたあと，KJ法を行ないます．ブレーン・ストーミングのときと同じ班にします．競争する必要はありませんが，制限時間はあったほうがよいでしょう．

　たとえば，「どうすれば授業が楽しくなるか」をテーマとしたとしましょう．各班にアイデアが20個あるはずです．ここで，1つのアイデアを1枚の付箋紙に記入し，グループ分けしていきます．私の授業で実施したら，以下のようなアイデアがでました．これらから，どのようなストーリーをつくれるでしょうか．

　　　飲み物を用意　ピザを食べながら　苺狩りにいく　ディズニー・リゾートにいく　バーベキューしながら　全員が立って授業　音楽をかける　カフェで授業　生徒のお宅訪問　先生のお宅訪問　宿題なし　その分授業で集中　生徒が宿題を決める　ハロウィーン・パーティをする　仮装する　手料理を持ちよる　中庭で授業　早朝に授業　卒業生に話をきく　スポーツをする

3 ステップ

(1) グループ分け（3〜5人1組）　2分

　ブレーン・ストーミングと同じ班にします．司会はブレーン・ストーミングのときと変えるほうがよいでしょう．

(2) 説明　5分

　以下を，ボードか配布資料で説明します（かっこ内は口頭で補足）．

第2部　問題を発見する

①制限時間10分.
②1つのアイデアを1枚の付箋紙に書く.
③アイデアを3〜5個のグループに分ける.1アイデアで1グループも可.
④グループに名前を付ける.(文章ではなく一言)
⑤グループの間の因果関係を考えて，左から右へ原因から結果．矢印でつなぐ．複数に分かれたり，複数のグループが合流しても可．(一番右はテーマ，因果関係は無理やりでよい)

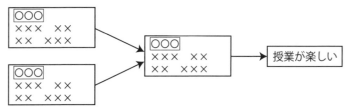

⑥「〜すると〜するので〜になる」という形で，全体で1つのストーリーにする(たとえば恋人ができると，一緒にいたくなるので，結婚する).

⑶ KJ法を実施する　10分

　グループ分けをするとき，教員から「とにかく手を動かしてみましょう」「先入観をなくして，あくまでアイデアだけから分けていきます」「いろいろなグループ分けを試してみるとよいでしょう」とアナウンスしてください．たとえば，「カフェで授業」というアイデアは，「飲食自由」グループにも「イベント」グループにも入れることができるでしょう．

　因果関係を考える段階では，教員が「グループの順番の前後を入れかえてみたり，並列にしてみたりしましょう」と，試行錯誤を促すとよいでしょう．

⑷ ディスカッション　10分

　一通り完了したら，すべての班が「〜だから〜となって〜と考えました」と発表します．教員がボードに「グループ名と因果関係」を記入します．

このとき，教員から「ここの矢印はどうしてこうなるのかな」「逆だとどうでしょう」などと質問してください．

たとえば，私の授業のある班ではつぎのような因果関係を想定して，「授業中に飲食が自由になると，リラックスできるため授業にメリハリがつくし，イベントが多いと生徒同士で一緒に外出したくなって，仲良くなるので授業が楽しくなる」というストーリーになりました．

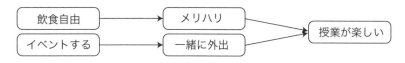

4 ヒント

(1)常識を疑う

ときとして「女性は好きな男性と一緒にいたいから結婚して，専業主婦になって夫を支えることで，幸せになる」など，世の中の常識，ステレオ・タイプをなぞるだけになってしまうことがあります．その場合，教員から「むしろ結婚するために人を好きになるのでは？」「専業主婦で困ることはないのかな？」など，さまざまな可能性を提示してあげましょう．

(2)未来を考える

「どうすれば授業が楽しくなるか」というテーマでは，原因を探ったため，「授業が楽しい」という結果が矢印の一番右にきました．別のパターンとして，「授業が楽しいとどうなるか」「現在の少子化が進むと日本社会はどのように変化するか」といった「結果を探る」こともできます．その場合，「授業が楽しい」「少子化」は，矢印の一番左にきます．

第2部　問題を発見する

第6章　文献紹介

【人数，役割分担】3〜5人1班（班で島をつくる），班長1人（班メンバー全員が教師となって授業をする）
【用意するもの】文献とスケジュール，説明書
【時間】準備＝10分，（つぎの授業時）実施＝15分，ディスカッション＝10分

1　ねらい

　どのようにすれば文献の内容を効果的に理解できるでしょうか？　教科書，資料，一般書，学術書などの文献には，これまでの人類の知恵が詰まっています．しかし，情報量が膨大なため，漫然と読んでいては身につきにくいでしょう．

　そこで，文献を読んできた生徒が教師役になって，「今日は〜について学びます」とあたかも授業をするかのように他の生徒に文献を紹介してみましょう．自分たちが授業をするために，担当部分だけでなく周辺的なことがらも調べてくるはずです．分かりやすく説明するために，枝葉末節より中心的なロジックを見つけようとするはずです．

　さらに，インタビュー調査と問題提起を課題として課します．こうすることで，現実の世界とのつながりを体験でき，内容をより深く理解することでしょう．

　アメリカでの研究によれば，体験したり議論したりすることよりも，「他人に教える」ことがもっとも学習定着率が高かったそうです．つまり，自分たちで授業をすることで，授業が終わっても内容を頭に残すことができます．

2 事例

　教科書をすべて，生徒に説明させると，時間がかかりすぎるでしょう．そこで，教科書の一部や，何回かの授業のうち1回を生徒による文献紹介としてはどうでしょうか．

　私の授業では，文献を読むとき毎回，生徒による授業形式を採り入れるようにしています．各回，最初に私が全体像を説明したあと，生徒が授業を行い，最後に私からまとめを話します．

　文献は，生徒が自由に選ぶのではなく，教員が指定するほうがよいでしょう．できれば1冊の本や教科書のうち，「この部分は〜班で，つぎは〜班」のようにあらかじめ割りふれば，知識が蓄積されていくことでしょう．

3 ステップ

(1)グループ分け（3〜5人1組）　2分

　1名を機械的に班長とします．教員との連絡がおもな仕事です．

(2)説明　5分

　以下を説明書にして配布します．インタビューの質問は教員が用意します．

---

①1班10分で授業．全員が喋れるよう分担．練習しておく．発表中は本をみない．ボードに1つだけ「もっとも重要なグラフ」を描いて，指さしながら説明．

②レジュメをA4一枚に縮小印刷（必要なら両面印刷）．授業前に人数分印刷．

A　要点　400字でまとめる．箇条書きではなく文章．丸写し不可．自分の言葉で「しかし」など接続詞を工夫．

> B　親世代2人（男女1名ずつ）にインタビュー　1人につき10行くらい．文献の内容を説明し，（同意するかどうかではなく）「関連したどのような経験を本人がしたことがあるか」というエピソードをきく．その結果，章の内容が成立するかどうか．
> (例) Tさんは50代女性，会社員．
> 　山田「あなたは結婚のために，どのような活動をしましたか」
> 　Tさん「うーん，おしゃれするとかかなあ」
> C　問題提起2つ　各200字くらい．かならず「私は〜才のとき〜を経験した」で開始．

　ここで，Bでは文献の内容が「結婚のために特別な活動が必要になってきた」という場合を想定しています．

(3) 文献とスケジュール配布　3分

　文献とともに，全体のスケジュールを配布します．

日程	章	班	インタビュー質問
×／×	1章	1班	〜ページ「結婚のために婚活が必要になった」はその人にあてはまるか
×／× ⋮	2章	3班	〜ページ「〜」はその人にあてはまるか

(4) (つぎの授業時) 文献紹介を実施　15分

　授業スタート前に，生徒がもっとも重要なグラフをボードに描いておきます．

　授業冒頭で教員からその日の文献について，位置づけ，概要を解説します．そのあと，生徒が教壇にたち，教師役になって「それでは授業を開始します．今日は〜について学びます」とスタートします．

　途中，説明が間違っていたり，不足していたりしたら，教員から「なんでそうなるのかな」「それはどういう意味ですか」などと補足してください．

第 6 章　文献紹介

⑸ディスカッション　10 分

　生徒の問題提起を，まず班ごとに 3 分ほどで話しあいます．「賛成」と「反対」両方の意見をだすよう指示しておきます．

　そのあとは教師役の生徒に任せ，意見をださせたり，それについて教師役が反論したりしていきます．発表が終わったら，拍手で讃えましょう．

　授業の最後に，教員からまとめの解説をします．

4　ヒント

⑴ **文献選び**

　どのような文献を読むかは，とても重要です．生徒の現在のレベルより「少し上」で，ちょっと背伸びするくらいが理想的でしょう．難しすぎれば嫌気がさすでしょう．簡単すぎればモチベーションが下がります．ともすれば教員は難しすぎるものを選びがちのようです．

⑵ **100 冊ラリー**

　できるだけたくさんの文献を読みすすめる（多読する）には，どうすればよいでしょうか．

　私のある授業では毎年，「100 冊ラリー」として，半年ほどかけて生徒 10 人で 100 冊の岩波文庫を読破しています．1 人 100 冊ではなく，10 人で 100 冊というのがポイントです．毎回，「つぎはフランス文学限定で」「つぎは日本中世文学限定で」などとアナウンスして，生徒が自由に本を選びます．授業では，**1 人 1 分で**，レジュメを使用せず口頭で，内容をごく簡単に説明します．

　授業のたびに，全員が 1 冊紹介します．他の人の説明をきくことで，耳学問できることでしょう．

問題をたてる

　問題発見するとき，よい問題とはどのようなものでしょうか？
　問題とは，「ある状況のなかで解決しなければ困ること」をさします．少子化やテロなど，問題がはっきりしている場合もあります．しかし，ほとんどの場合，その時代や地域や組織がどのような問題をかかえているのか，漠然と不安を感じていても，はっきりした形にはなっていないものです．ですので，まずなにが問題かを明確にすることが，問題解決のための最初のステップになります．

　では，問題とはどのような形をとるのでしょうか．それは，「この地域がどうすれば活性化するのか」「なぜ人びとは結婚するのか」のように，**疑問形**となるはずです．教育・研究の世界では，このように疑問形になった問題をとくに**リサーチ・クエスチョン**といいます．

　問題には，「どのように～なのか」という，事実を明らかにするためのものと，「なぜ～なのか」「どうして～するのか」「～するとどうなるのか」といった因果関係を解明するためのものがあります．事実が明らかなら，つぎに因果関係を解きあかすことになるでしょう．

(1) 多くの人にとって重要か

　推理小説では，「朝，社長が寝台列車のなかで亡くなっていた」のように，最初に人が死亡している必要があります．だからこそ，警察や私立探偵が一生懸命になって事件を解きあかそうとしますし，読者は最後まで「いったいだれが犯人なのだろうか」と読みすすめたくなります．

　これがもし，「朝おきたら，私のメガネがなくなっていた」としたら，警察は捜査するでしょうか．読者は「真相はなんだろうか」と関心をもつ

でしょうか．たしかに本人にとってメガネは大切でしょうが，他の人にとってそうとはかぎりません．

そこで，「社会的不平等」「グローバル化」「少子化」「高齢化」「環境問題」「平和」といった，だれも否定できないような**大きな問題につなげる**よう，意識するとよいでしょう．また，解明されるメリットだけでなく，**未解明だとどのようなデメリットがあるのか**を検討しましょう．

(2) 多くの仮説を生みだすか

よい問題は，広がりがあるため，たくさんの仮説を調べたくなるものです．たとえば「なぜ世の中に不平等があるのか」という問題をたてたなら，「親の教育が高い人ほど，本人の教育も高いだろう」「教育が高い人ほど，よい職業につくだろう」「よい職業の人ほど，収入が高いだろう」「教育が高い人ほど，かえって結婚しにくいだろう」など，すぐに考えつくことでしょう．

(3) つぎの問題に連鎖するか

問題は，最終的に回答が与えられ，解決されるべきものです．「なぜ世の中に不平等があるのか」という問題を分析した結果，かりに「親の高い教育が子の高い教育を促しているから」という結論になったとします．しかし，これで解決したわけではないでしょう．

さらに「では，なぜ教育の高さが連鎖するのか」「なぜ教育が不平等の出発点となるのか」「地域による違いはあるのか」など，別の疑問が浮かんでくるはずです．このように，1つの問題で完結することなく，**鎖がつながるように**つぎつぎと新しい問題に連鎖していくものほど，よい問題といえるでしょう．

仮説をたてる

問題を発見したら，どのように仮説をたてるとよいでしょうか？

仮説とは，「女性ほど結婚願望が強いだろう」のように，問題解決の1つのアイデアで，正しいかもしれないし間違っているかもしれないことをさします．仮説が正しかったかどうかは，エビデンスを集めて確かめます．企業のマーケッタが「この商品はこうすれば売れるのではないか」と予想をたてるのも，仮説の一種です．

仮説は，正しいかどうかが判定できる必要があります．「神は存在するだろう」や「私の前世は中世の騎士だったろう」は，判定できないため，仮説とはいえません．

では，仮説はどのような形にすればよいでしょうか．じつは，仮説はどこまでも複雑にすることができます．そこで，最初は一番シンプルなものをつくってみましょう．

それは，「女性ほど，出産に年齢制限があるため，結婚を早くしたいと希望するだろう」のように，「〜ほど〜のため〜だろう」という形です．「〜ほど」が原因，「のため」が理由，「〜だろう」が結果となります．結果が「希望するだろう」のように増加ならグラフが右上がり，「希望しないだろう」のように減少なら右下がりになります．

そのために，まずある現象が起こる**原因**はなにか，その**結果**どうなりそうかを想像してみましょう．たとえば，「人はなぜ結婚するのか」について仮説をたててみましょう．結婚するのに，大学までいった人とそうでない人で違いはあるでしょうか．身長や収入

は関係あるでしょうか．恋愛経験が豊富な人ほど，結婚しているのでしょうか．婚活は必要なのでしょうか．イケメンや美人のほうが結婚しやすいのでしょうか．結婚しないとどのような人生を送るでしょうか．結婚した結果，仕事や友人関係は変化するでしょうか．結婚した結果，幸せになれるのでしょうか．

　つぎに，その理由を考える必要があります．「ルックスのよい人ほど結婚できる」という仮説をたてたとしても，なぜそうなのかを明確にいえなければ仮説として成立しません．そこで，つぎのことに注意しましょう．

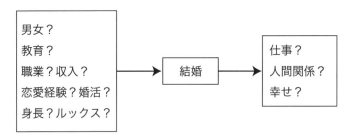

(1)因果関係を逆転させる

　仮説は原因とその結果になっていなければなりません．たとえば，「結婚した人ほど，人間関係がよいだろう」は，一見すると原因と結果になっているようにみえます．しかし，もともと人間関係がよい人は，友人を通して異性と出会ったり紹介してもらい，その結果結婚しているのかもしれません．そうであるなら，因果関係が逆だったことになります．

　これを避けるため，仮説をたてたら，一度因果関係を逆転させてみましょう．それで成立するようなら，逆の因果関係を疑う必要があります．

(2) **結果を反転させる**

　もう一点,「若い人ほど健康だろう」は,おそらく正しいでしょうが,意外性がありません.そこで,あえて結果を反転させて「若い人ほど不健康だろう」と仮説をたててみます.これなら,調べる価値があるでしょう.

　このように,あるテーマを巡ってさまざまな視点から仮説をたてることができます.仮説が正しいかをエビデンス(証拠)によって確認することを,**仮説を検証**するといいます.エビデンスを集めた結果,それが仮説と一致したとき,**仮説は支持された**といいます.

第 3 部

エビデンスを収集する

第7章　フィールド調査

【人数，役割分担】3〜5人1班（班で島をつくる），班長1人，フィールド・ノーツ作成1〜2人，記録1〜2人
【用意するもの】フィールド・ノーツ，カメラ
【時間】準備＝12分，（宿題）実施＝60分，（つぎの授業時）発表＝1班3分，ディスカッション＝5分

1　ねらい

　エビデンスとして，どのようにフィールド調査を実施して現場を知ることができるでしょうか？　警察の世界では，「現場百回」という言葉があります．現場に百回以上行かないと，事件の真相がつかめないという意味です．
　フィールドとは，そうした現場をさします．学修プロセスでいえば，テーマ・パークを調べているなら，そのテーマ・パークに実際にいってみないことには，なにも分からないでしょう．
　生徒は，自分たちが探偵になって現場検証をするつもりで，フィールドへいってエビデンス（証拠）を集めてみましょう．可能なら，現地でインタビュー調査をして，聞き込みできるとさらに結果に膨らみがでます．

2　事例

　宿題として学外に班ででかけることになります．フィールド調査でしか行けないところに調査に赴くようにします．ただし，安全第一で，かならず複数人数で行動しましょう．

まず，班テーマに沿って，班ごとに異なるフィールドへいきます．「健康」や「防災」といったテーマなら，公営運動場や役所の担当部署がフィールドとなります．テーマ・パークや食事がテーマなら，テーマ・パークの1つやレストランとなるでしょう．

しかし，家族や恋愛のように，すぐにフィールドがみつからない場合もあります．そうしたときは，家族連れが集まりそうな場所，人気のデート・スポットなどをフィールドとしましょう．

テーマ	フィールド例
健康	保健所，スタジアム，スポーツ・ジム
食事	レストラン，カフェ，商店街組合
家族	ショッピング・モール，公園，駅

3 ステップ

(1)グループ分け（3～5人1組）　2分

仮説の班があれば，その班分けでよいでしょう．1名が班長となり，いわば刑事課の課長としてまとめます．他にフィールド・ノーツ作成者1～2人，記録係1～2人とします．

(2)フィールドを決める　5分

テーマに合わせてフィールドを決めます．自動的に決定できる班もあれば，苦労する班もあることでしょう．その場合，教員が候補を提案する必要があります．

(3)フィールド・ノーツをつくる　5分

フィールドにいったときに記録しやすいよう，あらかじめ以下のようなフィールド・ノーツをA4用紙で作成します．

第3部 エビデンスを収集する

フィールド	
日時	
行った人	
観察結果	
分かったこと	
分からなかったこと	
資料をもらえたか	
インタビューできたか	
写真	

(4)（宿題）フィールド調査を実施する　1時間ほど

現場についたら，まずは1周して様子を観察します．問題なければできるだけ写真を撮りましょう．

もし（役所の人など）関係者に話しを聞けるようなら，簡単にインタビューするとよいでしょう．許可をもらえれば，記録用にインタビュー風景の写真をとります（下の写真左は神社，右は農家でのフィールド調査）．

(5)（つぎの授業時）発表する　1班3分

分かったことのうち，意外だったこと，発見だったことを中心に発表します．分からなかったことは，なぜ解明できなかったのかを含めて，今後の課題となるでしょう．写真があれば，みんなに見せます．

もし仮説があったなら，「仮説が支持されたかどうか」という検証結果を，理由とともに報告しあいましょう．

⑹**ディスカッション　5分**

　フィールドでは，行くだけで多くの情報をえることができます．さらに，そのテーマについていわば「こんな感じになりそうかな」という勘が働きやすくなるでしょう．そうした感覚を，みんなで共有しましょう．

4　ヒント

⑴アポイントメントをとるか

　フィールドによって異なるでしょう．私の授業では，アポイントメントをとろうとするとかえって大事になってしまうので，原則としてアポなしでフィールド調査へいくようにしています．ただ，保健所や商店街組合など，つねに開いているとはかぎらない場所の場合，事前にそのことは確認したほうがよいでしょう．

⑵どのような服装がよいか

　スーツの必要はありませんが，清潔感は必要です．制服か，なければすくなくともエリつきのシャツがよいでしょう．

第3部 エビデンスを収集する

第8章 インタビュー調査

> 【人数,役割分担】3〜5人1班（班で島をつくる），班長1人，インタビューア1〜2人，記録1〜2人
> 【用意するもの】インタビュー表，メモ帳，カメラ
> 【時間】準備＝17分，(宿題)実施＝30分，(つぎの授業時)発表＝1班3分，ディスカッション＝5分

1 ねらい

　どのようにインタビューして他人から話をきくとよいでしょうか？　インタビューとは，インタビュー対象者と自由に言葉を交わして話をきくことです．インタビュー結果は，エビデンスとして仮説が正しいかを検証するために役立ちます．なお，アンケート調査では「なぜそうなるのか」を質問することは難しいのですが，インタビューなら直接相手に質問できます．

　生徒は，あたかもテレビ局のクルーとなって取材にいくつもりで，取りくめるでしょう．テレビ・カメラこそ使用しませんが，リーダー（班長），インタビューする人（インタビューア），記録する人などの役割分担が必要となります．

2 事例

　授業では，あらかじめ質問を作成しておくほうが便利でしょう．これは半構造化インタビューといいます．海を漂流す

るように会話の流れにまかせてインタビューすることもできますが，これには豊富な経験が要求されます．最初は，寄港地の決まったクルーズ旅行のように，質問を事前に用意し，それにそってインタビューを進めましょう．ただし，質問が脱線したり前後したりしても，問題ありません．むしろ，予想していなかった情報をえることができるかもしれません．

インタビューのテーマは，仮説がすでにあるのなら，それを検証することになります．ないなら，家族や近隣者など，身近な人ならインタビューを依頼しやすいでしょう．ただし，生徒と同世代ではなく，親世代以上を対象とするほうが，多くの発見を期待できます．私の授業では，たとえば以下のようなテーマを取りあげたことがあります．本来なら，パターンが出つくすまで続けます．

対象者	テーマ
祖父，祖母	第二次世界大戦と終戦時にどのような苦労があったか，高度経済成長期にどのような生活をしていたか
親，おじ，おば	15歳時にどのような食事をしていたか，配偶者とどのように出会ったか，バブル時代にどのような生活をしていたか
地域の親世代	地域の課題はなにか，どのような地域になってほしいか

なお，本格的なインタビューではかならず録音します．しかし，かえって対象者を緊張させてしまうので，授業では不要でしょう．

3　ステップ

(1)グループ分け（3〜5人1組）　2分

仮説をたてたときの班があれば，そのままとします．1名を班長として，いわばテレビ・クルーのディレクタになってもらいます．全体を調整したり，連絡係を担当したりします．

インタビューア1〜2人と記録者1〜2人を決めます．ただし，インタビュー当日は全員がインタビューに参加します．

(2)インタビュー対象者を決める　5分

　テーマにもっとも相応しい人を,班でディスカッションして選定します.場合によっては,個人ではなく,役所,カフェ,商店街組合など組織を代表する人とすることがあります.私の授業では,結婚支援センターの相談員や,企業の広報担当者を私が紹介したことがあります.

(3)インタビュー表をつくる　10分

　さまざまな角度からブレーン・ストーミングして,質問を20個ほどつくりましょう.とくに「理由」「目的」「背景」など,アンケート調査では聞けないことを中心にします.

　そこから,実際にインタビュー時につかうために,10個にしぼります.つぎのようなインタビュー表を作成し,当日はインタビューしながら記入していきます.

記録A　日時,場所,雰囲気,感想	
記録B　対象者の役職,年齢,性別,勤続年数など	
質問1　仮説1の検証結果は,あてはまりますか	
⋮	
発見,仮説の検証結果	

(4)(宿題)インタビュー調査を実施する　30分〜1時間ほど

　インタビュー中はつねに礼儀正しくふるまう必要があります.インタビュー表は手元におきますが,できるだけ対象者に自由におしゃべりしてもらいましょう.可能なら,記録用にインタビュー風景の写真をとります.

(5)(つぎの授業時)発表する　1班3分

　授業では,個々の質問への回答は,報告しません.インタビュー対象者,なにを発見したか(意外だったり予想していなかったりしたこと)を発表します.もし仮説があるなら,仮説の検証結果を報告します.

(6)ディスカッション　5分

他の班の発表について,「たしかにそれは意外ですね」「それはなぜだと思いますか」「違う解釈はできませんか」など, 教員からコメントしましょう.

4　ヒント

(1)ラポール

インタビューでは, 一問一答にせず, できるだけ対象者に話してもらいます. そのためには, 聞かれたら喜ぶだろうことを質問して, 気持ちよくしゃべってもらうよう心がけましょう. そうすることで, 対象者がリラックスでき, よい雰囲気が生まれます. そうした親密な感覚は, フランス語でラポールとよばれます.

(2)さしすせそ

では, ラポールを生みだすには, どうすればよいでしょうか. コミュニケーションの「さしすせそ」というものがあります. さは「さすがですね」, しは「知りませんでした」, すは「すごいですね」, せは「せっかくですので(もっと聞きたいです)」, そは「そうなんですか」です. 私は自分の研究について, NHKや新聞社から取材を受けることがあります. インタビューアは, いつも「さしすせそ」を上手に織りまぜています.

ときには「大変だったこと」「困ったこと」を質問しても,「さしすせそ」があれば, かえって話が広がるかもしれません. 試してみてください.

第9章 アンケート調査

【人数，役割分担】3〜5人1班（班で島をつくる），班長1人，調査票作成1〜2人，回答集計1〜2人
【用意するもの】過去のアンケート用紙（またはこの本のアンケート用紙サンプル），パソコン（なければ1班につきA4用紙1枚）
【時間】準備＝22分，実施＝20分，発表＝1班3分

1 ねらい

フィールド調査やインタビュー調査とは違う視点から，どのようにアンケート調査を実施して多くの人から回答を収集できるでしょうか？ アンケート調査とは，(10人以上など) 多数の人に同じ質問を繰りかえして，回答を集める方法のことをさします．一般に，身近な観察結果は正しいこともありますが，対象に偏りがあるため当てにならないこともあります．そこで，あるテーマについて「全体像」を把握したいときに，アンケート調査が役立ちます．

生徒は，新聞社の調査部員になったつもりで，世論調査を実施してみましょう．さらに，簡単な統計分析をしてみます．

なお，私のある授業では1年間かけて，地域の20〜60代の人びと500人を対象としてアンケート調査をします．ただ，これには時間も費用もかかりすぎますので，ここでは1回の授業で完了するやり方を紹介します．

2 事例

授業では，自分たちを対象に，「クラスメートは普段どんなことを考え，どんなこ

とをしているのか」についてアンケート調査してみましょう．自分たちについてであっても，意外と全体の形は分からないものです．

　班ごとに「髪型」「食べ物」などテーマを決めます．各班2つずつ質問をつくり，1枚のアンケート用紙にまとめます．性別や出身地などの属性については，教員が質問をつくりましょう．

　テーマはできるだけ多様なほうがよいでしょう．私の授業では，たとえば以下のようなテーマを調査したことがあります．

	テーマ例
日常生活	食べ物，飲み物，音楽，スポーツ，テレビ，インターネット，旅行，ファッション，美容
学校生活	部活，勉強時間，好きな科目，好きな場所
人間関係	友人関係，家族関係，恋愛
将来	進路，つきたい仕事，結婚の希望，子どもの数の希望

　2つの質問のうち，1つはテーマの全体像を理解するためのもの（たとえば恋人がテーマなら「恋人には〜を期待したい」），もう1つはよりピンポイントなもの（たとえば「恋人にしたい顔のタイプは〜」）とすると，メリハリがつくでしょう．他では聞けないことを質問すると，結果が楽しみになるはずです．

3　ステップ

(1) グループ分け（3〜5人1組）　2分
　仮説をたてたときの班があれば，それでも結構です．班長1名が調査部長となり，調査票作成担当が1〜2人，回答集計担当が1〜2人とします．

(2) テーマを決定する　5分
　あらかじめ教員が，班の数プラス2個ほどテーマ例を考え，提示します．そのなかから班で選び，重複したらジャンケンします．

(3)質問をつくる　15分

アンケート調査でもっとも重要な部分です．サンプルを参照してください．

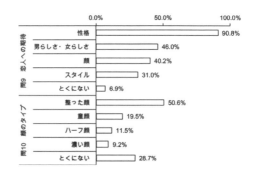

質問文の部分は，たとえば「恋人には〜を期待したい」のようにします．選択肢の部分は，たとえば「1 顔　2 スタイル　3 性格　4 男らしさ・女らしさ　88 とくにない」のようになります．選択肢の数は，5個など統一しておくと便利です（4〜6個くらいが分析しやすいでしょう）．「とくにない」「非該当」は，他の選択肢と区別しやすいよう 88 などとします．

質問はパソコンで作成します．一通り完成したら，教員が 1 つのアンケート用紙にまとめ，人数分印刷します．この段階で，自分の班の質問について，「選択肢のうち，どのような順番で選択する人の割合が多いのか」を予想してみましょう．

(4)アンケート調査を実施する　5分

匿名とし，お互いに見えないようにして回答します．回収時は裏返します．

(5)回答を集計する，分析する　15分

回収したら，アンケート調査に通し番号（ID）を 1 から付けます．エクセルなどの表計算ソフトがあれば，行を ID，列を選択肢番号として，選択されれば「1」，されなければ「0」を入力します．選択肢ごとに平均を求めれば，それが選択した人の割合（〜パーセント）となります．

パソコンを使用できない場合，選択肢ごとに選択した人数を集計します．全体の人数で割ることで，割合となります．

(6)発表する　1班3分

まず，選択肢のうち多く選択された順番を，理由を考えたうえで口頭で発表します(次頁のグラフは私の授業でのデータです).

つぎに，各質問上位1〜2位くらいの選択肢から，1つのストーリー

を想像してみましょう．たとえば，このグラフから「うちのクラスの人びとは，恋人に性格のよさを求めますが，その一方で顔は整っているほうが好みですので，内面外面どちらも重視するようです」などと発表できるでしょう．

4　ヒント

(1)分布が偏らないか

1つの選択肢に回答が集中したり，ある選択肢には回答者がほとんどいなかったりすると,「当たり前」の結果となってしまいます．そこで，できるだけ1つの選択肢に2割から8割くらいが当てはまるよう，工夫してみましょう．

(2)割合に差があるか

パソコンを使えるなら，男女別，文化部と運動部別，学年別などで割合の比較をでき，より深い分析が可能となります．その場合,「男性ほど〜」のようにグループの違いについて仮説をたてます．もし割合がグループによってダブルスコア以上ですと，調査結果として理想的です．

サンプルA　アンケート用紙

クラス調査

＊＊＊<u>名前は書かず</u>，思ったとおりに，<u>全て</u>に回答してください＊＊＊

■あなたについて

問1　性別は〜	1男　　0女
問2　学年は〜	
問3　部活・サークルは〜	1文科系　2運動系　3入ってない
問4　中学入学からこれまで，恋人が〜人いた（現在含む）	
問5　現在，恋人が〜	1いる　　0いない
問6　恋愛とは，一言でいうと〜	

■1班　メイクについて（○は<u>いくつでも</u>）

問7　ふだん〜をしている	1目のメイク　2眉毛を整える　3スキンケア　4ひげそり，むだ毛カット　88どれもない
問8　身だしなみを〜のために整えている	1自分　2異性　3同性　4世間　88どれもない

■2班　恋人について（○は<u>いくつでも</u>）

問9　恋人には〜を期待したい	1顔　2スタイル　3性格　4男らしさ・女らしさ　88とくにない
問10　恋人にしたい顔のタイプは〜	1濃い顔　2童顔　3ハーフ顔　4整った顔　88とくにない

■3班　髪型について（○はいくつでも）

問11	今の自分の髪は〜	1染めている　2パーマ　3肩より長い　4くせ毛　88どれもない
問12	恋人の髪型には〜を求めたい	1清潔感　2いい匂い　3男らしさ・女らしさ　4その人らしさ　88とくにない

■4班　スタイルについて（○はいくつでも）

問13	スタイルを維持するために〜をしている	1運動　2食事を意識　3生活習慣を意識　4ファッションを工夫　88とくにない
問14	自分のスタイルで〜が気になる	1脚　2腕　3おなか　4顔の輪郭　88とくにない

■5班　食べ物について（○はいくつでも）

問15	ふだん，月に1回以上〜を食べる・飲む	1焼き肉　2おにぎり　3カップ麺　4紅茶　88どれもない
問16	おにぎりの具で〜が好き	1鮭　2シーチキン　3明太子・たらこ　4牛カルビ　88どれもない

■6班　テーマ・パークについて（○はいくつでも）

問17	〜にいったことがある	1東京ディズニー・ランド　2東京ディズニー・シー　3ユニバーサル・スタジオ・ジャパン　4富士急ハイランド　88どれもない
問18	テーマ・パークに〜といったことがある	1友達・学校　2家族・親戚　3恋人　4一人　88どれもない

＊＊＊記入もれがないか確認してください＊＊＊

実験

　実験によって人びとのコミュニケーションを理解するにはどうすればよいでしょうか？　ここでは，**囚人のジレンマ**という有名な小集団実験を紹介します．

　インタビュー調査やアンケート調査では，人びとの普段の姿を捉えようとします．しかし，それでは「犯罪」や「災害」といっためったに起こらないことについては，調べることができません．そこで，自然科学における実験のように，人間関係についても実験的に極端な状況をつくりだして分析することが，近年盛んになってきました．

　囚人のジレンマ実験では，コミュニケーションの難しさを学べます．正解はありません．2人1組になって，つぎのような場面が設定されます．

(1)状況

　2人が道端で，同時に1000円を見つけて拾ったとします．相手と「分ける」(**協力**)か，自分だけで「独り占めする」(**裏切り**)かを決めます．(デタラメではなく)意志をもって選択する必要があります．

(2)得点

　どちらも「分ける」なら，500円ずつもらえます．自分が「分ける」つもりなのに相手が「独り占め」するなら，1000円独占されてしまいます(逆もあります)．ただし，どちらも「独り占め」したいなら，交番に届けて0円となってしまいます．

	相手は分ける	相手は独り占め
自分は分ける (グー)	500円もらう	0円
自分は独り占め (パー)	1000円もらう	0円

実験は，つぎのように進みます．

(1)練習　2回

やり方をマスターするために，練習したほうがよいでしょう．事前に「私は分けたいと思ってるよ」などと交渉することができます．ただし，嘘をついてもOKです．分けるならジャンケンの「グー」を，独り占めするなら「パー」を，出すことにします．

(2)本番　5回

練習が終わったら，本番として5回繰りかえします．ここでも相談できます．1回終わるごとに，自分と相手の得点を記録します．

	1回戦	2回戦	3回戦	4回戦	5回戦	合計
自分の得点	円	円	円	円	円	円
相手の得点	円	円	円	円	円	円

すべて終了したら，「5回全部分けたペア」「5回全部独り占めした人」がどれくらいいたか，クラスで挙手させます．

そのあと，「個人で最高得点」はいくらだったか，「ペアの合計で最高得点」はいくらだったかを聞き，拍手で讃えましょう（2〜3位まで聞いてもよいでしょう）．

最後に教訓として，高得点をえるには「協力したほうがよいか，裏切ったほうがよいか」を，理由とともにディスカッションしましょう．正解はありませんので，いろいろな意見がでることでしょう．

写真法

　写真を使って調査をするにはどうすればよいでしょうか？　写真には，配置や彩りや背景など多くの情報が含まれます．写真法は，写真をエビデンスとする調査方法です．近年，携帯電話やスマートフォンに高性能のカメラが搭載されるようになったため，実施しやすくなってきました．カメラマンになったつもりで，いろいろと撮影することができます．

　ここでは，人びとがどのような食事をしているのかを，写真法で調べてみましょう．なにを食べたかを記録するのに，文字だけですと「白米を1膳，豆腐とほうれん草のみそ汁1杯，肉じゃが，あと緑茶と…」などと大きな負担がかかります．

　これにたいして，写真なら撮るだけで十分です．そのため，調査を依頼された人も，分析する人も，負担を大幅に減らすことができます．私の授業では，つぎのように進めています．

(1)写真を撮る

　平日の2日間，すべての食べ物と飲み物について，撮影します．時間は写真に同時に記録されます．斜め45度の角度から撮影します．念のため，2枚ずつ撮っておくとよいでしょう．

(2)写真を回収する

　2日間のデータ収集が終わったら，教員のパソコンに，すべての写真を生徒から送ります．このとき，(家，学校，レストランなど)場所の情報をメール本文などで送ります．

(3)表にする

1人ずつ,下のような表にまとめるようにします.より細かく,「だれがつくったか」「だれと一緒に食べたのか」「なに分くらいかけて食べたか」「そのときどれくらい満足したか」など情報を追加してもよいでしょう.

Aさん

	1食目	2	3	4
×月×日				…

ディスカッションでは,全員の表を見比べて,傾向を発見できるか考えてみましょう.もしかしたら「ラーメンが人気だ」とか「意外とみんな栄養バランスがいいな」などが分かるかもしれません.

食べ物には,その人のライフスタイルや価値観が反映されます.どのような価値観が読みとれるかも,ディスカッションしてみましょう.

ここでは食べ物を事例としましたが,他に「どのようなファッションをしているか」「どのようにお化粧しているか」「旅行先でどういうところへ行くか」などを調べるなら,写真法が強みを発揮することでしょう.

第 4 部

成果を発信する

第4部 成果を発信する

第10章 プレゼンテーション

【人数，役割分担】3〜5人1班（班で島をつくる），班長1人，スライド1〜2人（発表は全員で）
【用意するもの】説明書，パソコン，プロジェクタとスクリーン（なければ壁），クジ用トランプ，（以下あれば）ベル，おもちゃのマイク
【時間】準備＝27分，（つぎの授業時）発表＝1班5分，ディスカッション＝1班5分

1 ねらい

どのようにプレゼンテーションして，成果を口頭で発信することができるでしょうか？ プレゼンテーションとは，オーディエンスに向かって口頭で発表することです．ここでは，パソコンで（パワーポイントなどの）スライドを作成し，それに沿って行なう場合を紹介します．班の成果は班でプレゼンテーションしますし，個人の成果は個人で行ないます．

そもそも成果を発信するには，こうした**口頭**によるものと，レポートや論文といった**文章**によるものがあります．口頭のプレゼンテーションは，本人たちがその場で説明するため，短時間でパッと理解してもらいやすいというメリットがあります．文章によるレポートや論文は，どのようなロジックで推論しているのかを，時間をかけてゆっくり理解してもらうことに優れます．口頭発表と文章は，補いあうものといえるでしょう．

プレゼンテーションでは，生徒は企

業の広報担当者になり，自社製品をプレス・リリースするつもりで臨んでみましょう．苦労して得られた結果なら，熱意をもって発表するはずです．

2 事例

ここでは，班で仮説をたて，フィールド調査とインタビュー調査で調べた場合，成果をどのようにスライドにまとめられるかを考えます．私の授業では，**スライドの構成**をつぎのように共通化しています．こうすることで，かえって班ごとの個性が明確になります．個人発表の場合でも，同じような構成でよいでしょう．サンプルを参照してください．発表内容によって，スライドの構成を変えてください．

ページ	タイトル	内容
表紙	タイトル	発表班も
1	みなさん！	内容に関連した問いかけ
2	定義	中心概念を簡潔に
3	統計	エクセルでグラフ作成（出典も）
4	問題	簡潔に
5	背景	個人的な動機
6	先行研究の説明と課題	著者，書名も
7	仮説	文章でなく図解，理由は口頭で
8	フィールド調査	日時，場所，写真も
9	インタビュー調査	典型例，年齢と性別
10	仮説の検証結果	理由は口頭で
11	現代社会への提言	大きな課題につなげる
12	感想	苦労も
13	サンクス	

3 ステップ

(1) グループ分け（3〜5人1組） 2分

エビデンスを収集したときの班があれば，そのままとなります．

(2) 説明　5 分

以下を配布し説明します．

> ① 1 班につき，プレゼンテーションは 5 分 (4 分で 1 ベル，5 分で 2 ベル)．そのあとディスカッションが 5 分．
> ② スライドをパソコンで作成 (上の表を提示)．
> ③ 次回に発表会．班メンバー全員がしゃべれるようスライドを分担し，かならず事前に練習．時間厳守．
> ④ 原稿を読み上げることはしない．スクリーンとオーディエンスをみる (パソコン画面はみない)．
> ⑤ テーマにちなんだ小物を用意 (仮装可)．
> ⑥ 発表順はクジでその場で決める．

(3) スライドを作成　20 分

　パソコンでつくります．スーッと頭に入るよう，できるだけシンプルで短くする必要があります．たとえば，文章は 2 行まで，文字は 40 ポイント以上，イラストを各ページに入れる，(サンプルの仮説のように) 可能なら図や表にする，といったことを教員から生徒に指示します．

(4)（つぎの授業時）プレゼンテーションする　1 班 5 分

　発表順があらかじめ分かっていると，緊張感が低下しますので，直前にクジで決定します．パソコン操作は，教員か行なうほうがスムーズでしょう．資料配布はしないほうが，オーディエンスがプレゼンテーションに集中できます．

　最初にテーマ，発表氏名を自己紹介します．私の授業では，発表者がおもちゃのマイクをもつことで，雰囲気をだしています．発表が始まったら，発表者がスクリーンのすぐ横に立ち，説明している部分を手で指すようにしましょう．

　時間を超過しそうなときは，教員が「その部分はスキップしてください」などと指示します．説明が不足しているときは，教員から「そこはどうい

う意味ですか」などと質問してください．

(5)**ディスカッション　1班5分**

質問がでにくい場合，「班で1分ほど話しあいましょう」とすると，スムーズになるでしょう．

ディスカッションが終了したら，拍手で讃えます．

4　ヒント

(1)**スライドはシンプルに**

スライドは，アニメーションをつけたり，背景のデザインに凝ったり，色やフォントを多彩にするなど，どこまでも複雑にすることができます．しかし，そうするとかえって中身が頭に入りにくくなるものです．

そこで，私の授業ではアニメーションと背景は使用不可とし，色は黒だけ，フォントはゴシック体のみと指定しています．

また，サンプルの「はじめに，考察，まとめ」という「目次スライド」を入れて，オーディエンスが迷子にならないよう「今自分たちがどこにいるのか」を道案内しています．

(2)**緊張を和らげるには**

発表者は，きっと緊張することでしょう．当然です．場数を踏むことが大切ですので，私の授業では練習も授業内で実施しています．

そのとき，できるだけオーディエンスをよく見渡して，特定の（とくに最後列の）人に個人的に話しかけるようにすると，よいようです．開始前に深呼吸する，(声がうわずりがちなので) あえて低い声で話し始めるなども，効果的なようです．

サンプルB　プレゼンテーションのスライド（班）

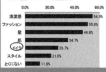

サンプル C　プレゼンテーションのスライド（個人）

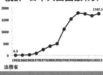

第11章 ディベート

> 【人数，役割分担】3〜5人1班（班で島をつくる）を2班，班長1人，資料集め1〜2人，メリット表作成1〜2人
> 【用意するもの】説明書，メリット表のためのA3用紙×2枚
> 【時間】準備＝40分，（つぎの授業時）実施＝1回25分，審査＝1回10分

1 ねらい

　どうすればディベートで自分とは異なる立場から主張することができるでしょうか？　ディベートとは，あるテーマへの賛成・反対について，自分の考えとは無関係に主張を行なうことをさします．2つのチームに分かれて，それぞれがエビデンスを用いて主張し，オーディエンスが「どちらの主張がより説得的だったか」を判断します．多様な視点から，**客観的に論理を組みたてる**練習になるでしょう．テーマは「ディズニー・ランドとディズニー・シーのどちらがよいか」といった身近なものから，「死刑を存続させるべきか」といった社会的なものまであります．

　いわば，**裁判**であるテーマを巡り，擁護する「弁護士側チーム」と批判する「検察側チーム」に分かれて争うようなものです．どちらもエビデンス（証拠）と論理を武器に，裁判官であるオーディエンスを説得します．

2 事例

　はじめてディベートを実施するなら，身近なテーマからスタートするべきです．慣れてきたら，社会的なテーマを扱ってもよいでしょう．私の授業では，たとえばつぎのようなテーマにチャレンジし

第11章 ディベート

てきました．ここでは，ディズニー・ランドかシーかの回を紹介します．

	例
身近なテーマ	ディズニー・ランドとディズニー・シーのどちらがよいか，生まれ変わるなら男性と女性のどちらか，タイムマシンでいくなら過去と未来どちらか，男性からと女性からのどちらがプロポーズするべきか
社会的テーマ	死刑を存続させるか廃止するか，サマータイムを導入するべきか，安楽死を法律で認めるか，夫婦別姓を法律で認めるか，大学進学希望者は全員入学させるべきか

流れはつぎのようにします．もっとラウンドを増やして長くすることもできます．

第1ラウンド	先攻立論 (3分)，作戦タイム (1分)，後攻質疑 (2分)
第2ラウンド	後攻立論 (3分)，作戦タイム (1分)，先攻質疑 (2分)
第3ラウンド	作戦タイム (3分)，後攻反駁 (3分)，先攻反駁 (3分)

私の授業では，つぎのような**ディベート論題表**を教員があらかじめ作成して，共通の理解から出発できるようにしています．とくに定義が重要で，ここが共有されていないと，議論がすれ違ってしまいかねません．

論題	ディズニー・ランドとディズニー・シーのどちらがよいか
定義	ランドとは東京ディズニーランド，シーとは東京ディズニーシー
プラン	20××年4月から，節電のためどちらか1つだけ残す
立場	ランド存続，シー存続

一般的なディベートでは，メリット・デメリットを自由に提出します．しかし，そうすると論点の数がバラバラになるので，私の授業では「メリットを3つ」だけ準備し，エビデンスとともにつぎのような**メリット表**としてA3用紙に箇条書きすることにしています（かっこ内はエビデンス）．

> ランドのメリット
> ①家族で楽しめる（シーは飲酒できるなど大人むけ）
> ②アトラクションが多い（〜個対シー〜個））
> ③多くのキャラクターに会える（〜個対シー〜個）

3 ステップ

(1)グループ分け（3〜5人1組） 2分

機械的に分け，班長1人，資料集め1〜2人，メリット表作成1〜2人へと分担します．ただし，準備や当日の発表はすべて全員で行います．

(2)説明 8分

以下を配布し説明します．複雑ですので，丁寧に解説する必要があるでしょう．

---

①論題，定義，プランはあらかじめ決まっている（ディベート論題表を掲載）．どちらかの立場を主張する．
②立場と先行・後攻は当日のディベート直前に決定するので，**両方の立場で準備**．
③A3用紙で**メリットを3つ準備して掲示**．各メリットにかならずエビデンス（根拠となるデータ，文献，自分でインタビューなど）を挙げる．原則としてネット情報は不可．
④流れは以下のとおり（流れの表を掲載）．
⑤発言者はつねに1人のみ．発言中の人に，チームメートはアドバイスできない．
⑥主張はすべて，最初の立論で提示．それ以降では「新しい議論」で無効．
⑦オーディエンスは，各メリットが成立したか，反駁されて不成立だったかを個別に審査．反駁されなかったメリットは，自動的に成立する．でてこなかったメリットは考慮しない．
⑧**成立したメリットが多いチームが勝利**．同数の場合，教員の審査結果で決まる．引き分けはない．

---

(3)準備 30分（または宿題）

メリット3つを，エビデンスとともに作成します．必要ならインタ

ビュー調査やアンケート調査を実施してもよいでしょう．

⑷（つぎの授業時）ディベート　1回25分

　生徒がタイム・キーパーをします．相手メリットのすべてに反駁するようにします．

⑸審査　10分

　つぎの**ディベート審査表**に，各オーディエンスが審査結果を記入していきます．自分の考えではなく，あくまでメリットが成立したかどうかで判断します．

　記入し終わったら，オーディエンスが1人ずつ，「先攻はメリット〜個成立，後攻は〜個」といっていき，カウントします．成立が多いチームを勝者とし，拍手で讃えましょう．新しい政策が論題なら，同数の場合「あえてその政策を導入する意味はない」として否定側の勝ちとなります．時間があれば，オーディエンス1人ずつが一言コメントします．

		自分の評価	メモ
先攻メリット	①	（成立・不成立）	
	②	（成立・不成立）	
	③	（成立・不成立）	
後攻メリット	①	（成立・不成立）	
	②	（成立・不成立）	
	③	（成立・不成立）	

4　ヒント

　メリットでは，数値を用いると客観的となるので，より説得力が増すことでしょう．反駁するときは，相手のメリットが実はデメリットにならないか，考えてみるとよいかもしれません．慣れてきたら，自分1人で頭の中でディベートすることもできるでしょう．

第4部　成果を発信する

第12章　レポート・論文

【人数，役割分担】3～5人1班（班で島をつくる），班長1人，章ごとに担当1～2人
【用意するもの】説明書，パソコン，論文設計図のためのA4用紙×班の数
【時間】準備＝12分，（宿題）執筆＝1～2週間，（つぎの授業時）発表＝1班5～10分，（宿題）改訂＝1週間

1　ねらい

　どのようにレポートや論文を執筆して，成果を文章で発信することができるでしょうか？　レポートとは，調査などの成果を，結果の紹介を中心に文章にしたものです．通常はA4用紙1～5枚くらいでしょう．これにたいし，論文とは，レポートの内容に問題関心，先行研究による説明と課題，方法論，まとめなどが追加され，より全体像が分かるよう文章にしたものです．必要な情報は，すべて盛りこまれている必要があります．長さはA4用紙10～20枚くらいになります．アクティブ・ラーニングの集大成として役立つことでしょう．付録にサンプルがあります．

　生徒は，あたかも雑誌記者になったつもりで，現代社会の知られざる実態について特ダネをスクープするように執筆しましょう．班の活動を発信するなら班で執筆し，個人の成果なら個人で執筆します．

2　事例

　ここでは，論文の執筆方法について紹介します．レポートは，論文の一部分を取りだして執筆したものといえるでしょう．

私の授業では，どのようなテーマであっても，つぎのような構成で論文を執筆しています．ページ数は目安です．考察が中心ですので，他は長くなりすぎないよう，注意が必要です．レポートの場合，第3章考察の内容を執筆することになります．発信内容によって，構成を変えてください．

章	ページ数	節
第1章　問題	約2	第1節　定義と統計，第2節　問題，第3節　背景
第2章　先行研究	約4	第1節　歴史，第2節　先行研究による説明，第3節　先行研究の課題
第3章　考察（レポートはこれのみ）	約8	第1節　仮説，第2節　フィールド調査結果，第3節　インタビュー調査結果，第4節　仮説の検証
第4章　まとめ	約2	第1節　現代社会への提言，第2節　課題
付録	約1	参考文献

　執筆するにあたり，私の授業ではつぎのような**論文設計図**を配布し，手書きで埋めるという作業をします．うえの構成のすべての節でなにを書くべきかを，あらかじめ1行ずつで明確化します．いわば航海における羅針盤となって，最終ゴールまでの道筋を指ししめすことでしょう．

	例
タイトル	旅行の社会学
定義と統計	日本人出国者は1980年代から急増
問題	人びとが旅行になにを求めるのか
…	

3　ステップ

(1)グループ分け（3～5人1組）　2分
　エビデンスを収集したり，プレゼンテーションしたりしたときの班があれば，その班で行ないます．班長1人，章ごとに担当者を1～2人とします．

(2) 論文設計図を埋める　10分

　先行研究となる文献は，つねに手元に置きます．インタビュー対象者が複数いる場合，代表的な2〜4名に絞ります．「地球は青かった」のように，自分の主張をギリギリまで煮詰めて，シンプルに1行ずつで表現してみましょう．

(3) (宿題) 論文を執筆する　1〜2週間

　授業時間内ではおそらく執筆が終わりませんので，宿題とします．章や節で分担し，全員が執筆するようにします．最終的に班長が1つのファイルにまとめます．論文の細かな表記方法で迷うような場合は，(社会学会や心理学会など) 分野ごとに**スタイルガイド**がありますので，指定してください (私の授業では社会学評論スタイルガイドを使用しています)．

(4) (つぎの授業時) 発表する　1班5〜10分

　教員用に1部ずつ印刷します．各班は，章ごとに内容を簡潔に紹介し，教員から内容や書き方についてアドバイスを受けます．他の班から書き方について質問があれば，共有します．

　もし時間があれば，「来週は第1章まで執筆」「そのつぎの週は第2章まで」といったように，1週間で1章ずつ書きすすめてもよいでしょう．

(5) (宿題) 改訂　1週間

　プレゼンテーションはその場で蒸発して消えますが，文章は残ります．そのため，**改訂してよりよくする**ことができます．「1度執筆して完了」ではなく，かならず改訂しましょう．格段にクオリティが上がります．つぎの授業時に，最終版を教員に提出します．

4 ヒント

(1)レポートの場合

上の第3章考察の内容に，問題や課題を前後に追加します．論文よりピンポイントに問題設定し，解決する必要があるでしょう．

(2)卒業論文の場合

大学の卒業論文は，4年間の勉強のまとめになります．私の授業では，1年間かけて執筆していきます．

そのため，「来週は全員で先行研究を書いてきてください」といったように，全員で同じスピードで進めます．こうすると，たしかに早く執筆したい人には，待ってもらうことになります．しかし，脱落者がでることがありませんし，同じ作業をしているのでお互い助けあうことができます．

(3)相互チェック

他人のレポートや論文を読むことは，多くのことを気付かせてくれます．私の授業では卒業論文が完成したら，(名簿順で1つずらすなどして) 他の人のものを丁寧にチェックすることを，宿題にします．内容はもちろん，図表の作り方など形式面でも間違いがないかを確認しあいます．

グラフをつくる

　調べた結果を発信するとき，どのようにグラフを作成すると効果的でしょうか？　グラフは，情報を視覚的に表現することで，文章より直感的に理解しやすくなります．ただし，同じ情報であっても，さまざまなグラフで表現できます．そこで，いろいろと試したうえでベストなグラフを選ぶ必要がでてきます．

　たとえば，アンケート用紙サンプルの問4で「中学入学からこれまで，恋人が〜人いた（現在含む）」を大学生87人に質問しました．その回答は，どれも以下のグラフで表現できます（実際のデータ）．

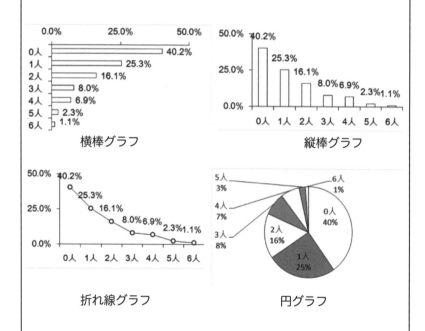

　グラフによって，印象がずいぶん違うことに気付くでしょう．棒グラフは，個々の選択肢の値を伝えたいときに適しています．折れ

線グラフは，比較したり変化を表したいときにピッタリです．円グラフは，割合を強調したいときに使用します．

なお，グラフを作成するときは，できるだけ**シンプル**にするほうが内容が誤解なく伝わります．たとえば，アンケート用紙サンプル問17で「富士急ハイランドにいったことがあるか」を質問しました．回答者の人数は下の左グラフとなりました（実際のデータ）．いったことがある人37人は，ない人50の74%でした．

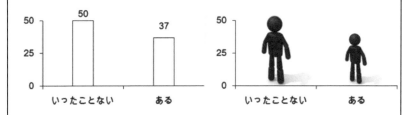

ここで，高さを立体的な人形で表してみましょう（右グラフ）．すると，高さは正確なのですが，1次元の棒から3次元の人形になったため，人の頭の中では（74%の3乗で）41%に感じられます．したがって，富士急ハイランドにいったことのある人の数が過小評価されてしまいます．

こうした錯覚は，広告などであえて利用されることがあります．しかし，授業では正確に発信することが最優先されますので，シンプルなグラフを心がけるべきでしょう．

第4部 成果を発信する

サンプルD アンケート調査レポート

ルックスと性格
―カワイイはつくれるのか―

東京大学教養学部　2015年度社会調査法　3班

第1節　問題関心

　恋愛において，ルックスと性格はどのような関係にあるのだろうか．しかし，ルックスと性格に関する統計データを私たちは見つけることはできなかった．そこで，私たちは2つの関係をアンケート調査で明らかにするために，以下の仮説をたてた．

　仮説1：2年生以上ほど，大学入学後メイクについての知識と経験を積んだため，メイクに気を使うだろう．交際経験がある人ほど，異性からの評価に敏感なため，メイクに気を使うだろう．

　仮説2：メイクに気を使う人ほど，メイクがより栄えるように，肌に気を使うだろう．メイクに気を使う人ほど，外見を重視するようになるので，恋人にルックスを求めるだろう．

2年以上　　　→　　メイクに気使う　　→　　肌に気使う
交際経験　　　　　　　　　　　　　　　　　恋人にルックス

メンバー

インタビュー調査　化粧品メーカー

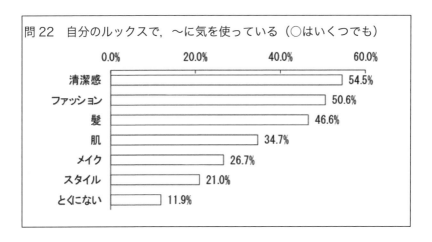

問22 自分のルックスで，〜に気を使っている（○はいくつでも）

第2節　集計結果

　問22で，自分のルックスで気を使っている点について質問した．単純集計表から，清潔感がもっとも多く54.5%だった．メイクは5番目で26.7%であった．

　清潔感がもっとも多いという結果は，予想通りであった．最低限の身だしなみという意味で，「気を使っている」と回答しやすいのかもしれない．次に多いのは肌だと予想していたので，ファッションが半数を超えたのは意外だった．大学生は毎日私服で過ごすようになるので，日々の服装でおしゃれを楽しむ人が多いのかもしれない．

第3節　原因の分析

　第一に，メイクに気を使っているのは，1年生のうち29.1%，2年生以上のうち22.7%だった．しかし，カイ二乗検定の結果，有意な差はなかった．私たちは，大学生活に不慣れな1年生に比べると2年生以上の方が時間的・精神的余裕があってメイクをよくするだろうと予想した．しかし，近年はメイクを始める年齢が下がっており，高校生でもメイクをしていることが多いため，大学内では学年間の差がなかったのかもしれない．

　第二に，メイクに気を使っている人は，交際経験のある人のうち

32.1%，そうでない人のうち 18.6% だった．カイ二乗検定の結果，交際経験者ほど，有意にメイクに気を使っていた．私たちは交際経験がある人の方が他人から見られる経験が多く，外見に気を使っているだろうと予想し，おおねねそのとおりとなった．以上から，仮説1は部分的に支持された．

第4節　結果の分析

　第一に，肌に気を使っている人は，メイクに気を使うと回答した人のうち 53.2%，そうでない人のうち 27.9% だった．カイ二乗検定の結果，メイクに気を使うと答えた人ほど，有意に肌に気を使っていた．メイクに気を使っている人は，すなわち自分の顔を美しく見せたいという気持ちが強く，結果として肌のシミ，シワ，美白といった点にもこだわりをもつ人が多いのであろう．

　第二に，恋人にルックスを求める人は，メイクに気を使う人のうち 40.4%，そうでない人のうち 30.2% だった．ただし，カイ二乗検定の結果，有意な差はなかった．一方で，恋人に「性格」を求める人は，メイクに気を使うと答えた人のうち 91.5%，そうでない人のうち 75.2% だった．カイ二乗検定の結果，メイクに気を使うと答えた人ほど，恋人に有意に性格を求めていた．外見に気を使う人ほど恋人の外見も気にするだろうと予想していたので，意外な結果であった．逆説的ではあるが，自分の外見に自信がないからメイクをよくするため，恋人にはよい性格を求めて「外見だけで自分を判断しないでほしい」と願うのかもしれない．以上から，仮説2は全体として部分的に支持された．

第5節　フィールド調査

　2015年4月，芝宮，柳井が，豊島区駒込にある曹洞宗法輪山泰宗寺で

フィールド調査を実施した．毎週土曜日午前8～9時の坐禅朝課に参加した．「ルックスと性格」というテーマで調査をするにあたり，「性格」面についてなにかアイデアが得られないかと思い，精神的な営みである宗教活動をフィールド調査とした．朝課前に20分程度指導を受け，坐禅の組み方の他，座布・経典の持ち方，畳の縁を踏まない等の注意を受けた．

朝課の参加者は，10名程度おり，大半は高齢の方であった．まず35分間の坐禅の後，「摩訶般若波羅蜜多心経」を，僧侶の方に続いて15分程度読んだ．終了後座布を片付けて控室に戻ると，初参加の3名にむけて僧侶の方から，簡単なお話があった．また，「椅子に座ってやる坐禅」のパンフレットを頂いた．土曜日の朝1時間程度を坐禅に費やすこととなった．坐禅と読経による精神統一・精神安定の他に，「平日から週末へ」という感情的区切りとしての役割も果たし得ていると感じた．ただ，性格のあり方についてヒントを得ることは難しかった．

第6節　インタビュー調査

2015年6月，大手化粧品メーカー研究員のAさんに，メンバー全員と小林先生とで，汐留のオフィスにて一時間ほどインタビューを実施した．普段はしわについての研究をされている綺麗な方で，こちらが用意した質問以外のことも気さくに話して下さり，データを解釈するうえでたいへん参考になった．

　　S「Aさんは，普段どのような研究をされていますか」
　　Aさん「しわができる仕組みを研究しています．完全にしわをなくす
　　　ことはできませんが，化粧品の力でしわができるのを遅らせたり，
　　　できたしわを薄くしたりすることは可能で，日々の努力が将来の肌
　　　状態に大きく影響します．とくに，日に焼けないことが一番重要な
　　　んです」
　　S「私たちの調査では，大学1年生と2年生以上でメイク行動に差が
　　　ありませんでした」

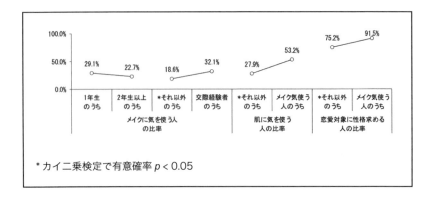

* カイ二乗検定で有意確率 $p < 0.05$

Aさん「最近の女の子はおしゃれへの意識が高く，中学生や高校生など若い女の子たちがメイクをするのも普通になっています．『マキア』など美容専門の雑誌もあります．この頃は，女性だけでなく男性用の基礎化粧品や脱毛などの需要も伸びています」

S「女性よりも男性の方が，自分のルックスと性格両方について，自己評価が高いという結果が出ました．なぜでしょうか」

Aさん「やはり，女性の方が『周りと比べた自分』という意識が強いのではないでしょうか．相対的な目で自分をシビアに評価してきた経験の多さが，このような結果につながったのかもしれませんね」

S「最後に，メイクを一言で表すとなにでしょうか」

Aさん「自己表現の一つだと思います．メイクだけでなく，肌，髪，ファッションなどは個人の日々の選択の結果であり，その人のライフスタイルを表すものです．外見は人の本質を反映しているのではないでしょうか」

調査を始めた段階では，ルックスと性格を対立するものとして捉えていた．今回のインタビューを通して，どちらもその人がどんな人なのかを表す点では同じであるというお話が印象に残った．また，インタビューの最後に，敏感肌の赤ちゃんにも使える日焼け止めをプレゼントしていただき，様々なニーズに応えているということも知ることが出来た．

第7節　感想

　私達は性格とルックスをテーマに調査した．とくに性格について，どのような質問をすればよい調査が行えるか，という質問作成の段階で苦労した．最後に，取材に応じていただいただけでなく，各種資料やお土産まで用意していただいたAさん，そして常に新しい角度から質問を投げかけ調査を支えてくださった小林盾先生に，深く感謝したい．

サンプルE　卒業論文（一部）

旅行の社会学

成蹊大学文学部　2013年度小林盾ゼミ　松岡恵李奈

第1章　問題

第1節　定義と統計

　この卒業論文では，旅行とは，家から宿泊を伴って出掛けるもので，帰省・合宿・出張は含めないもの，と定義する．

　法務省入国管理局によると，日本人の出国者数は，2013年は1,747万人で，過去最高であった前年の1,849万人と比べて5.5％減少した．4年振りの減少であり，日中・日韓関係の悪化や，円安方面の動きによる，現地での買い物も含めた旅行代金の割高感がその要因であると考えられる．しかし，2004年からは毎年1,500万人を超えている．

第2節　問題

　そこで，この卒業論文では，人びとが旅行になにを求め，旅行が人びとにどのような影響を与えているのかという問題を検討する．もしこの問題を解決することができれば，若者が旅行離れをしていると言われる現代において，旅行を通じて人びとの生活を豊かにするヒントを得ることができるかもしれない．それが解明できれば，より多くの若者が再び旅行をするようになるきっかけになるかもしれない．

第3節　背景

　私は大学生になってから，毎年年間に7回程度旅行をする，という経験をした．小学生までは，毎年必ず家族旅行に行っていた．とくに夏休みは

図表1　日本人出国者数の推移（万人）

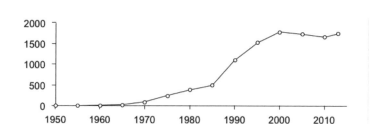

出典：法務省出入国管理統計統計表

毎年欠かさず海へ旅行に行っていた．基本的に国内旅行であったが，海外旅行をしたこともあった．しかし，中学へ入学すると旅行はほとんどしなくなった．中学高校と，部活動漬けの日々を送り，土日も休みはなかった．夏休みと正月明けに大会があり，長期休暇も正月も部活動をしていたため，旅行をする時間がとれなかったのである．震災の影響で卒業旅行が中止になったこともあり，中学高校の6年間でした旅行は，高校入学直前にした家族旅行のわずか一回だった．

　大学へ入学した時，私は4年間で出来るだけたくさん旅行することを心に決めた．大学生活4年間は，自分が社会に出る前最後の自由で貴重な時間だと感じ，自分がなにをしている時が楽しかったかを考えた時，幼い頃に旅行した時の思い出が蘇ったからだ．旅行に行く前のウキウキ感や，旅行先での楽しみ，旅行後に思い出を振り返ること，旅行の前後を含めて，それを誰かと共有することが楽しかった．

　大学入学後は，数年ぶりに家族旅行をしたり，時間を見つけては友人と旅行をするようになった．長期休暇に海外へ行くこともあれば，土日を使って国内旅行をすることもあった．

　旅行には多くの魅力があるように感じる．私の場合，誰かと旅行し，楽しさを共有することや，リフレッシュ方法であることに魅力を感じる．おそらくその魅力は人それぞれ違うものであるだろう．しかし，旅行が人びとになにかしらプラスの影響を与えていることは共通しているだろう．

第2章　先行研究

第1節　歴史

(1) 江戸時代

　日本では江戸期に,「お陰参り」と呼ばれる伊勢神宮への巡礼ブームが起こった．これは当時の伊勢信仰の高まりによって発生した巡礼ブームである．しかし伊勢参詣には，村落共同体から一時的に離脱するための言い訳として巡礼を行ったり，街道や参詣地近くの宿場での遊行など，信仰とは直接結びつかない多様な要素も含まれていた．1810年に八隅蘆庵が出版した『旅行用心棒』は，日本における観光ガイドブックの祖形とされている（山口 2010：39～40ページ）．

　日本で伊勢参詣が広く普及した背景には，「講」と「御師」の存在があった．「講」とは，同一の信仰を持つ人びとによる結社であり，独特の参詣団体である．一方，「御師」とは，特定の寺社に所属して，その寺社へ参詣者を案内し，参拝・宿泊などの世話をする人のことをいう．伊勢参詣の場合，御師は参詣者を伊勢神宮へとガイドする案内人のことである．それらの存在は，伊勢参詣の伝統とともに明治期に入っても消えなかった．1830年代には，日本のみでなく，欧米でも，極めて多くの人びとが観光のための移動をしてることからも，「大衆観光（マス・ツーリズム）」は，このころに始動したと考えることができる（山口 2010：41ページ）．

　（中略）

第2節　先行研究による説明

　山口『ニッポンの海外旅行』などの先行研究では，時代とともに，人びとが旅行に求めるものが変化してきたこと，そして，旅行のかたち自体も変化してきたことがわかった．

　とくに戦前の旅行が，大義名分と団体旅行を特徴としていたのに対し，

現在ではほとんどが個人旅行であり，個人志向化が進んでいる．これには，1980年代後半，未曽有の好景気によって海外渡航者が激増し，海外旅行がリピート化されるようになったことが大きく影響している．これに伴って誕生したものが，往復の航空券と宿泊先だけがセットになったスケルトン・ツアーである．

　右肩上がりに伸び続けた日本の海外渡航者数も1996年を境に停滞．とくに若者の海外離れが目立つという．その大きな要因となっているのは，主流となったスケルトン・ツアーが「買い・食い」の消費活動を押し出してきたことにあると考えられる．限られた短い時間で，ガイドブック片手に，ショッピングやグルメといった消費活動を主な目的とし，その一方で，現地の歴史や文化にはほとんど触れない海外旅行が定番化してきている．

第3節　先行研究の課題

　先行研究では，時代ごとに，人びとが旅行に求めるものと，旅行自体の形の移り変わりが述べられており，現在，若者の海外離れが進んでいる現状が記述されていた．しかし，若者を一括りにしていることで，国内旅行を含め，旅行をする若者と旅行をしない若者の違いは一体なになのかや，実際の旅行経験が彼らに与える影響については未解明であった．

第3章　考察

第1節　仮説

⑴仮説1

　幼少期の旅行経験が多い人ほど，幼い頃から旅行の楽しさや醍醐味を身近に感じているため，大人になっても旅行に行くだろう．幼少期に多くの旅行経験を積んでいることにより，旅行をして楽しむことが当たり前の感覚となり，旅行に簡単に踏み出すと考えた．

(2)仮説2

　旅行に行く人ほど，旅先で多くの刺激を受けるため，向上心が湧くだろう．再び旅行へ行きたいという想いや，より多くの異文化に触れたいと考えるようになり，その後の日常生活も向上心を持って送るだろうと考えた．

第2節　フィールド調査結果

(1)ハワイ，スケルトン・ツアー

　2014年6月に，地元の友人と4人でハワイを訪れた．小学生の頃に2回，親戚とハワイ旅行をしたことはあったが，約10年振りのハワイだった．たまたまネットで見つけた6月後半出発の4泊6日のハワイ旅行が安かったため，その場のノリでこのスケルトン・ツアーに申し込みをした．出発前にガイドブックを購入し，行きたいところをリサーチし，テレビのハワイ特集をチェックした．綿密なスケジュールをたて，ハワイへ向けて出発した．

　ハワイに着くと，旅行を申し込んだ旅行会社の社員さんが出迎えてくれた．用意されたバスへ乗り込み，まずは現地にある旅行会社の支店へ向かった．そこでは，オプショナルとしてマリンスポーツを予約した．その後，事前にたてたスケジュールに従い，5日間の自由行動をスタートした．とはいえ，フライトの時間的に，初日は午後のみ，最終日は朝のみの自由時間だった．その限られた時間の中で，ショッピングやグルメをまわり，ワイキキビーチで海水浴をしたり，予約したマリンスポーツを楽しんだ．

　ハワイで一番感じたことは日本人の多さだ．場所が違うだけで，そこはまるで日本のようだった．英語を話したのは，地元のハンバーガーショップで注文をするときくらいだった．

　今回のハワイ旅行は，ガイドブックとテレビ番組によって紹介されている王道ツアーであったため，常に日本人に囲まれていた．安心感はあったが，次回行くときは，もっと現地と触れ合い，日本人のいないハワイを巡

図表2　フィールド調査

ハワイ（ワイキキビーチ）
著者撮影　2014年6月30日

ニューヨーク（マンハッタン）
著者撮影　2014年10月20日

りたいなと思った．

（中略）

第3節　インタビュー調査結果

　インタビュー調査は，インタビュー対象者の現在の旅行に対する想いや旅行頻度と，幼少期の旅行経験について聞き，幼少期の経験が，現在の旅行経験や旅行に対する考えに影響を与えているのかと，実際に旅行をすることで，その後の日常生活や心境になにか変化があるのかを明らかにすることを目的として行った．先行研究から，若者の旅行離れが目立っていることがわかった．そのため，調査では20代の若者を対象として，インタビューを行った．

　質問項目は，年齢，性別，現在の旅行事情について「この一年間でなんかい旅行をしたか」，幼少期の旅行経験について「幼少期に旅行をしていたか」，「旅行頻度はどれくらいだったか」，旅行とはなにか，を中心にインタビューした．

　同世代の若者でも，異なった視点から検証するために，学生のみでなく，高校卒業後，事務員として働いている人にもインタビューした．

DIさん（旅行経験あり，20代学生男性，2014年10月16日）

DIさんは千葉県出身で，都内の大学に通う学生である．DIさんは非常に旅行が好きで，旅行とは非日常であると話していた．

この一年間では，国内海外合わせて5回旅行をしたそうだが，幼少期の方が旅行をしていたようで，年に10回程度はしていたそうだ．その時のことはよく覚えていて，幼い頃に行って楽しかった場所へ，今でも旅行に行っていると話していた．とくにハワイには小学生の頃から毎年行っているそうで，それは今でも恒例になっているようだ．

現在のDIさんの旅行スタイルには，幼少期の旅行経験が，非常に大きく影響しているようである．

DIさんは旅行でカレンダーを区切る感覚があるそうだ．一回の旅行が終わると，一区切りがつき，また次の旅行へ向けて新しい区切りがスタートすると言っていた．それを楽しみにバイトや勉強も頑張れるそうだ．

松岡：DIさんはよく旅行してるけど，この一年でなんかいした？

DI：ハワイとバリと広島と伊豆と富士山の5回かな．旅行めっちゃ好きなんだよね．でもちっちゃい頃の方が旅行してたかも．

松岡：そうなの？どのくらいしてた？

DI：年に10回くらい！　冬はスノボで4〜5回で，夏は伊豆に3回くらい．あとは小学生の頃から毎年ハワイ行ってた．

松岡：いいないいな．その時のこととか覚えてる？

DI：めっちゃ覚えてる！　ちっちゃい頃の旅行が楽しかったから，だから今でも同じところに旅行行ったりするよ．

松岡：そうなんだ！　じゃあ，旅行行った後で，なにか心境とか行動に変化あったりする？

DI：あるよ．旅行でカレンダーを一区切りつける感じがする．一回の旅行が終わったら，そこで一区切りで，次の旅行までの新しい区切りがスタートする．だから，次の旅行を楽しみに，バイトとか勉強も頑張ろうって思えるようになるかな．

図表3　インタビュー結果

グループ		属性	幼少期の旅行経験	現在の旅行頻度	旅行に行くとどうなるか	旅行とは一言で
旅行経験あり	DIさん	20代男性, 学生	あり（国内, 海外, 年10回）	年5回（国内3, 海外2）	次の旅行のため, 労働意欲や勉強意欲が湧く	非日常
	NRさん	20代女性, 学生	あり（海外, 年1〜2回）	年3回（国内1, 海外2）	語学に対する勉強意欲が湧く	楽しみ
	NTさん	20代女性, 学生	あり（国内, 年2回）	年2回（国内1, 海外1）	語学に対する勉強意欲が湧く	非日常
	MSさん	20代女性, 学生	あり（国内, 3年に2回）	年1回（国内1）	他の文化にも触れたくなる	一大イベント
旅行経験なし	RHさん	20代女性, 事務員	なし	なし（アイドルの追いかけあり）	遠征すると, 仕事のモチベーションが向上し, 嫌なことも頑張れる	気分転換
	MKさん	20代女性, 学生	なし	なし		未知の世界

　　松岡：なるほどね！　じゃあ，DIさんにとって旅行とはなんだと思う？

　　DI: 非日常かな．

　　松岡：そうなんだ！　すごく参考になりました．ありがとう！

　　（中略）

図表4　仮説と検証結果

	仮説	検証結果
1	幼少期の旅行経験が多い人ほど，幼い頃から旅行の楽しさや醍醐味を身近に感じているため，大人になっても旅行に行くだろう．	支持された
2	旅行に行く人ほど，旅先で多くの刺激を受けるため，向上心が湧くだろう．	支持された

第4節　仮説の検証

(1)仮説1

　仮説1は「幼少期の旅行経験が多い人ほど，幼い頃から旅行の楽しさや醍醐味を身近に感じているため，大人になっても旅行に行くだろう」だった．この仮説は支持された．

　仮説に最も近いのがDIさんだ．DIさんは，幼少期から多くの旅行経験を積んでいる．その時の楽しかった記憶は今でも鮮明に覚えており，またその楽しみを味わいたいと思うため，今でも幼少期に訪れた旅行先へ旅行に行くと話していた．

　（中略）

第4章　まとめ

第1節　現代社会への提言

　今回の調査の結果，幼少期の旅行経験が，大人になってからの旅行経験にも大きな影響を与えていることがわかった．旅行をすることで，旅先で刺激を受け，それがその後の生活にもプラスの影響を与えていることもわかったため，幼い頃から多くの土地を訪れ，より多くの刺激を受ける感覚を培っておくことは，将来，より一層の向上心をもちながら生活を送るための一つの手段になるかもしれない．その結果，社会全体の学力向上や，生活やの充実感が増すことに繋がるだろう．

第2節　課題

　今回の調査では，主にインタビューを行った．先行研究から若者の海外離れや旅行に対する情報収集ができたため，若者，とくに学生に焦点を絞ってインタビューした．そのため，時間や金銭面ではほぼ同じ条件の人たちにインタビューすることができた．

　しかし，他の世代の人びとの意見をきくことができなかった．他の世代の人びとにもインタビュー調査をして，若者と比較することで，世代間の旅行に対する考え方の違い発見することができるかもしれないと思った．それだけでなく，現在40～50代の人の学生時代の旅行事情も合わせて聞くことができれば，同じ若者でも，時代によって旅行に対する意識の違いがあるのかを調べることができるだろう．

文献
有山輝雄，2002，『海外観光旅行の誕生』吉川弘文館．
日本観光協会，2010，『数字でみる観光　2010-2011年度版』創成社．
日本政府観光局，2010，『2010年版 JNTO 国際観光白書』国際観光サービスセンター．
橋本俊哉，2013，『観光行動論』原書房．
山口誠，2011，『ニッポンの海外旅行』ちくま書房．

著者略歴

小林　盾（こばやし　じゅん）
1968年生まれ，東京大学文学部卒，シカゴ大学社会学部博
　士候補，修士（社会学）
現在　成蹊大学文学部教授
専門　数理・計量社会学，社会的不平等，家族
主著　『数理社会学の理論と方法』(共編，勁草書房，2016年)
　　　『ライフスタイルとライフコース：データで読む現代
　　　社会』(共編，新曜社，2015年)
　　　『データで読む日本文化：高校生からの文学・社会学・メディア研究入門』
　　　(共編，風間書房，2015年)
　　　『社会学入門：社会をモデルでよむ』(共編，朝倉書店，2014年)
　　　『ソーシャル・メディアでつながる大学教育：ネットワーク時代の授業支
　　　援』(共著，ハーベスト社，2013年)
　　　『社会調査の応用：量的調査編　社会調査士E・G科目対応』(共編，弘文堂，
　　　2012年)
　　　『社会をモデルでみる：数理社会学への招待』(共編，勁草書房，2004年)

知のアート・シリーズ　3
アクティブ・ラーニング入門
すぐ使える中学校からの 17 メソッド

本体価格 1,000 円

2016 年 4 月 28 日　第 1 刷発行

©著　者　小　林　　盾
発行所　ハーベスト社
発行者　小　林　達　也
〒 188-0013　東京都西東京市向台町 2-11-5
電話　042-467-6441／Ｆａx　042-467-8661
振替 00170-6-68127

印刷・製本　㈱平河工業社
落丁・乱丁本はお取りかえします．Printed in Japan
ISBN 978-4-86339-075-1 C0037

「知のアート・シリーズ」好評発売中

ソーシャル・メディアでつながる大学教育
ネットワーク時代の授業支援
橋爪大三郎・籠谷和弘・小林盾・秋吉美都・金井雅之・七條達弘・友知政樹・藤山英樹　著　A5判　本体1000円
本書は、SNS(ソーシャル・ネットワーキング・サービス)や学習管理システムのようなソーシャル・メディアを使った大学授業の実践例を紹介したリーフレットです。ゼミ、ディベート、講義、卒業論文指導など大学教育のさまざまな場面をとりあげた各章では、「課題」、「実践内容」、「課題への回答」、「レッスン」という構成で、具体的な事例が紹介されています。大学での教育実践へのヒント集としてご活用ください。　知のアート・シリーズ　2

フィールドワークと映像実践　研究のためのビデオ撮影入門
南出和余・秋谷直矩著　A5判　本体1000円
本書は、「フィールドワークに映像を活用しよう」とする初心者や、「何はともあれ現実に基づいた映像作品(ドキュメンタリー)を作りたい」と願う初心者を対象としたガイド本である。ことに、近年ではメディアリテラシー教育の一環として、学生に映像制作の実践教育を行う大学も増え、そうした大学生を対象とした教科書としての利用も念頭に置いている。　知のアート・シリーズ　1

好評発売中

やけあと闇市野毛の陽だまり
新米警官がみた横浜野毛の人びと
伊奈正司著　伊奈正人解題　四六判●本体1600円
昭和23年、闇市でにぎわう横浜野毛に1人の若者が巡査として赴任してきたこの若者がみたものは、どろぼう・進駐軍・やくざ・風太郎・ヒロポン中毒者・売春婦・浮浪者・浮浪児などが目の前に行き交うカスバのような街。日々、彼ら/彼女らと接しながら街に暮らす人びとに支えられ、街の治安に奔走する。そこには貧しく混乱した社会で戦後を生き直す若者や街の人びとが巧まずして記録されている。

トランスナショナル・コミュニティ
場所形成とアイデンティティの都市社会学
広田康生・藤原法子著　A5判●本体3200円
グローバル化の時代、「トランスナショナル・コミュニティ」を描くことは国境を越えて移動する人々と彼らに先行する定住者たちとの間で繰り広げられる、地域レベルでの日常的な政治的、経済的、文化的実践を描くことでもある。フィールドにより下からの都市的世界を描いた都市論の新たな地平。

近現代日本の宗教変動　　実証的宗教社会学の視座から
寺田喜朗・塚田穂高・川又俊則・小島伸之編著　A5判●本体3800円
本書作成には、宗教社会学という学問領域に関心を抱く人々へ、踏まえるべき研究史、研究テーマ、分析概念等といった〈ディシプリンとしての宗教社会学の共有財産〉を示し、その研究実践を通じてそれらの継承を図りたい、という企図があった。

ハーベスト社

知のアート・シリーズ3

アクティブ・ラーニング入門

すぐ使える中学校からの17メソッド

小林 盾＝著

ハーベスト社